能源互联网中综合能源服务的关键技术

袁飞　李莹莹　编著

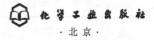

·北京·

内容简介

本书用通俗易懂的语言、图文并茂的形式，详细介绍了在能源互联网背景下综合能源系统建设和综合能源服务实施中的几项关键技术，主要包括多能互补技术、多站融合技术、云储能技术、先进测量体系、车网融合技术、虚拟电机与能源路由器技术，并结合已建成案例对综合能源服务平台类型、效益、未来发展进行了分析。这些技术的实现和突破，将成为综合能源服务的基础，也将成为能源行业跨越式发展的重要前提。

本书内容新颖实用，技术"高大上"，讲述"接地气"，深入浅出，非常适合电力、能源领域的从业人员以及科研院所相关专业的学者、师生等阅读。

图书在版编目（CIP）数据

能源互联网中综合能源服务的关键技术／袁飞，李莹莹编著．—北京：化学工业出版社，2022.9
ISBN 978-7-122-41595-0

Ⅰ.①能… Ⅱ.①袁…②李… Ⅲ.①互联网络-应用-能源经济-服务市场-研究-中国 Ⅳ.①F426.2-39

中国版本图书馆CIP数据核字（2022）第095225号

责任编辑：耍利娜　　　　　　文字编辑：孙柄楠　师明远
责任校对：李雨晴　　　　　　装帧设计：王晓宇

出版发行：化学工业出版社
　　　　　（北京市东城区青年湖南街13号　邮政编码100011）
印　　装：天津盛通数码科技有限公司
850mm×1168mm　1/32　印张6¼　字数92千字
2023年3月北京第1版第1次印刷

购书咨询：010-64518888　　　　售后服务：010-64518899
网　　址：http://www.cip.com.cn
凡购买本书，如有缺损质量问题，本社销售中心负责调换。

定　　价：59.00元　　　　　　　　　　　　版权所有　违者必究

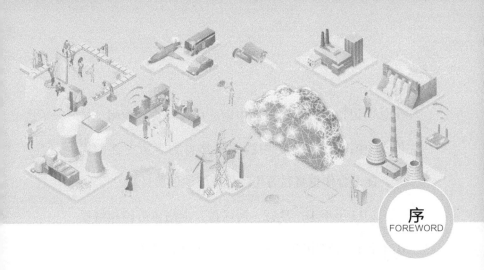

序
FOREWORD

恰逢首届中阿峰会召开之际,读到了袁飞同志的新书《能源互联网中综合能源服务的关键技术》。袁飞同志学的是电力专业,近年来在阿拉伯半岛负责开拓沙特阿拉伯及周边国家电力和能源市场。书中袁飞同志从自身专业出发,在逐一介绍能源互联网中综合能源系统建设和服务过程中前沿技术的同时,也着重列举了近年来在中国和国际上的应用案例,体现出他结合自身工作实践所积累的经验和进行的思考。

长期以来,能源合作被视为中国与阿拉伯国家战略合作关系、中沙全面战略伙伴关系的压舱石。但目前,这种合作关系仍然是以油气贸易为主。随着习近平总书记访沙并出席首届中阿、中海峰会，中阿（拉伯）、中海（合会）、中沙关系都得到了历史性的提升，能源合作也将显著超越传统的油气贸易。

2011年年末，沙特、阿联酋、卡塔尔等国相继提出了各自的碳中和目标。阿拉伯半岛是世界上太阳辐照最为强烈的地区之一，红海和波斯湾具备较为丰富的风力资源。阿布扎比的核电站现已建成，沙特也正准备建设大规模核电设施。多种低碳的能源供应方式正在阿拉伯半岛涌现。

虽然阿拉伯半岛被称为世界的能源中心，沙特甚至被视作能源王国，但阿拉伯沙漠地广人稀，大多数人口聚集在几个沿海城市，少数散落在沙漠中的绿洲城市或定居点，给集中式的能源供应带来了技术和经济上的挑战。积极发展能源互联网，建设综合能源服务体系，将为响应阿拉伯半岛能源市场的现实需求，提出现实可行且经济低碳的解决方案。

沙特、阿联酋等国均已加入了"一带一路"倡议，也分别提出了各自的2030愿景。随着中阿、中海、中沙关系的快速提升，阿拉伯国家自身的2030愿景正在同"一带一路"倡议紧密对接，力争依托中国的崛起，实现各自的跨越式发展。期待能源互联网和综合能源服务体系的前沿理念能够被阿拉伯国家的能源主管部门接受，为推动中阿能源合作深入发展，从而充实中阿战略关系的内涵作出扎实的成果。

中国驻沙特使馆前能源专员

前言
PREFACE

能源互联网是通过先进的通信与信息技术和控制技术，将清洁能源、智能输配电系统、用户系统以及储能系统联结在一起，形成的可以进行统一调配、灵活调度的能源网络，是解决当前能源问题的重要方法和途径。云计算、人工智能、大数据、物联网等技术的发展，正加速着能源互联网的建设。综合能源系统可以看作是微型的能源互联网或者能源互联网的重要组成单元，在未来能源互联网中将广泛存在。

综合能源系统一方面提升了电源侧的环保低碳性能，通过多能互补的形式提高了能源供应的稳定性和可靠性；另一方面增强了能源输送环节的灵活性和可靠性，并且通过先进用电技术等提升了用户侧能效水平。综合能源系统将会是未来能源系统存在的重要形式。未来能源互联网背景下，综合能源系统既是能源互联网的组成单元，又与能源互联网相互支持。能源互联网将给综合能源系统提供稳定、安全的保障，综合能源系统则将更多其他形式的能源引入能源互联网，实现能源互联网能源调配的多样性、高效性和经济性。

综合能源服务是指在综合能源系统基础上进行的增值服务业务，主要包括节能及能效提升服务、多能互补的综合能源利用服务、可再生能源利用服务以及新型能源技术服务。综合能源服务业务的开展，将使综合能源系统进一步发挥其优势，提升能源环境友好性、调控灵活性和能效水平。

本书将介绍在能源互联网背景下，综合能源系统建设和综合能源服务实施中的7项关键技术，主要包括多能互补技术、多站融合技术、云储能技术、先进测量体系、车网融合技术、虚拟电机与能源路由器技术以及综合能源服务平台技术。这些技术的实现和突破,将成为综合能源服务的基础,也将成为能源行业跨越式发展的重要前提。

编著者

第一章　能源互联网中的综合能源服务

1　能源互联网　　　　　　　　　　　　　2
2　综合能源系统　　　　　　　　　　　　10
3　综合能源服务及其关键技术　　　　　　16

第二章　多能互补技术

1　单一供能形式的缺陷及解决方案　　　　26
2　多能互补技术的概念　　　　　　　　　33
3　多能互补技术存在的问题　　　　　　　42
4　多能互补技术的发展趋势　　　　　　　50

第三章 多站融合技术

1 多站融合技术的发展背景　　　　　　　56
2 多站融合的特征和形态　　　　　　　　60
3 多站融合技术的特征　　　　　　　　　66
4 多站融合建设中的问题　　　　　　　　71

第四章 云储能技术

1 储能技术的产生和分类　　　　　　　　78
2 云储能技术　　　　　　　　　　　　　92
3 云储能技术的特点　　　　　　　　　　95

第五章 先进测量体系

1 智能电表与先进测量体系　　　　　　　106
2 先进测量体系的结构和工作过程　　　　114
3 先进测量体系的功能及存在的问题　　　119

4	下一代先进测量体系	129
5	先进测量体系在综合能源服务中的应用	132

第六章　车网融合技术

1	电动汽车与充换电技术	138
2	车网融合技术	145
3	车网融合的特征与应用	147
4	车网融合技术存在的问题	153

第七章　虚拟电机与能源路由器技术

1	虚拟电机技术	158
2	能源路由器技术	168

第八章　综合能源服务平台

1	综合能源服务平台的功能	178
2	综合能源服务平台的分类及存在的问题	185

第一章

能源互联网中的综合能源服务

1 能源互联网
2 综合能源系统
3 综合能源服务及其关键技术

能源互联网

能源供应是人类社会发展的重要保障，人类社会的每一次飞跃，背后都有能源变革。人类历史上经历过三次工业革命，每一次都跟能源利用技术的提升密不可分（见图1-1）。而当前人类社会正处在快速发展和即将发生重大变革之际，

图1-1　人类社会的每一次跨越式发展都与能源变革密不可分

对于能源供应的要求也逐步提高，无论是供给侧改革，产业布局和产业结构的优化，还是整个社会经济体系的完善，当前的能源产业结构都很难满足需求。

能源互联网，就是解决当前人类社会快速发展同能源供应之间矛盾的重要方法和途径。能源互联网，是指利用先进的通信与信息技术、大数据技术、云计算技术、人工智能技术等，同先进发电技术、先进储能技术、先进控制技术等进行深度融合，为用户提供清洁、稳定、可靠的能源供应，并且也使用户参与到能源的生产、调配及消费的全过程。

能源互联网的基础是智能电网。在能源互联网中，能源的存在形式主要是电能（见图1-2），实际上能源互联网的物理结构是将包括以可再生能源为主的先进发电系统、以智能电网为基础的先进输变电系统及先进配电系统和用户终端系统进行互联，最终形成的可以灵活控制、统一调配的能源网络。

能源互联网最典型的应用是，中国于2015年提出并倡议建设的全球能源互联网，即在实现各国泛在智能电网的基础上，使用特高压技术、柔性直流输电技术等先进的电能传输技术，将各国泛在智能电网进行互联；利用清洁

图1-2 能源互联网的能源形式主要以清洁电能为主

能源发电技术,充分开发世界各地的风能、光能、潮汐能等可再生能源,实现电能替代(即使用电能替代其他形式的能源)和清洁替代(即使用可再生能源替代化石能源发电),形成覆盖全球、环境友好、可以实现能源迅速调度和灵活调配的能源网络。倡议提出后,得到了全世界的积极响应,目前一些国家在持续建设智能电网的过程中,开始寻求与其他国家的电网互联,目前中国已与俄罗斯、蒙古国、老挝、越南等邻国实现电网互联,并积极推动中韩、中缅孟等电网联网工程;英国和法国将通过柔性直流输电实现电网互联;中东地区则已经存在马格里布地区能源互联网、中东八国能源互联网以及海湾合作委员会（GCC）区域能源互联网，这些工程的规划与实施，使得全球能源互联网的规模建设初步形成（见图1-3）。

图1-3　正在建设的全球能源互联网
是解决当前能源问题的重要方式

能源互联网的建设，将使全球能源结构和能源体系出现深刻变革和跨越式发展，诸如弃风、弃光、稳定性差、能源利用效率低、调控能力差等在独立能源网时代存在的问题将迎刃而解。在解决上述问题的过程中，能源互联网展现出了如下特点。

第一，以电能为主要的能源输送形式，利用电网的强大输送能力和调配能力，实现能源的快速传输和灵活调配。

例如中国已经实现全国电网的互联,通过这样一张超大能源互联网,可以在极短时间内轻松实现西北地区能源基地到东南沿海地区用电负荷集中区超过3000km距离的电能调度。

第二,源–网–荷–储充分互动,采用先进控制技术和智能通信技术,增强能源系统的反馈机制,提升能源供应稳定性、传输灵活性和终端能源利用高效性。当前广泛使用的先进测量体系(AMI)就是实现用户侧与电源、电网等进行交互反馈、实时调节的重要媒介。当前,中国、美国、英国、法国等国家已经通过AMI系统实现用户反馈机制,极大提高了能源利用效率。

第三,采用清洁能源,实现清洁替代,提升了能源利用的环境友好性(见图1-4)。在能源互联网中,风能、光能、水能和潮汐能等各种可再生能源将取代化石能源发电,从而减少有害物质和二氧化碳排放量。全球能源互联网建设的一个重要目的,就是要在北极等风能丰富的地区建设大型风场,在赤道等太阳能丰富的地区建设大型光伏电站,通过超远距离输电技术将这些电能输送到全球各个需要电能的负荷中心。

通过对当前能源联网的观察和研究不难发现,在能源互

图1-4 大量采用清洁能源是能源互联网的重要特征

联网中，能源的主要存在形式是电能，而非其他形式。主要原因在于3个方面。

首先，相对其他的能源形式，电能的传输速度较快，有利于能源的快速调配。本质上讲，电能的传输速度跟电磁波一样，传输速度可达$3×10^8$km/s，基本上可以瞬间到达世界的每个角落，而相比之下，油、气等能源的传输速度则难以满足能源互联网的调配需求。

其次，电力能源的传输通道（即电网）建设相对完善，技术水平也相对较高。自第二次工业革命以来，电能作为工业革命最重要的成果以及工业发展必需的支持能源，在上百年的时间里，其输送网络建设已经相对完善，能够几乎覆盖全球所有城市和乡村，仅少数无人区还没有实现电网架设，能源互联网的建设，可以借助这些已有设施。而诸如油气管道等其他能源传输设施，还无法像电网一样广泛覆盖，如果作为能源互联网的传输通道，还须进一步建设。

最后，当前电力能源的生产、传输和利用技术已经达到了较高水平（见图1-5），诸如可以实现风、光转电的可再生能源发电技术；实现超过3000km远距离输电和跨区域电网连通的特高压技术；实现不同频率电网互联和弱电系统有效控制的柔性直流技术；实现电能潮流控制、灵活分配的统一潮流控制器和能源路由器技术等，使以电能为主要能源形式的能源互联网系统能够实现灵活控制，快速调配，充分发挥其优势。

而在有限范围内，特定情况下，在一些拥有完备的油气能源输送调配系统，且具备源、荷、储等设施的区域中，能源互联网的建设可以不强调电能的主体地位，允许多种能源形式互相转换，协调利用，实现源-网-荷-储的充分互动，最优化利用已有条件，满足用户需求。从能源互联网

第一章
能源互联网中的综合能源服务

图 1-5 相比其他能源形式，当前电力能源生产、
传输已经达到很高的水平

的概念上来看，这种使用多种能源形式满足用户需求的系统，属于一种微型能源互联网，而这种不强调电能为主要能源形式的微型能源互联网系统，称为"综合能源系统"。

综合能源系统

在能源互联网的背景下,综合能源系统实际上是在一定区域内,使用先进的能源转化技术和控制技术,将不同形式的能源组合在一起,进行协调优化,实现能源的传输和消纳的能源系统(见图1-6)。

综合能源系统包含了从能源产生到能源消纳整个过程,

图1-6 综合能源系统园区

其构成主要包括能源供应子系统、能源转换子系统、能源输送网络以及用户终端子系统，囊括了源、荷、储、能源输送和分配通道。

① **能源供应子系统** 综合能源系统的能源生产环节，其为用户提供的能源形式可以是煤、石油、天然气、电力等资源，不局限于一种或多种能源形式，但重要的是这些能源应该有互补性和可替代性（见图1-7）。

图1-7 多能互补是综合能源系统能源
供应子系统的重要形式

互补性是指任何一种能源形式在出现间歇式出力减少时，其他能源形式可以通过增加出力的方式进行补充，保证系统能源供应的稳定性。比如在风–光–储系统中，光伏发电白天能够提供较多电能，晚上几乎无法发电，风力发电晚上相对白天的发电量则大幅上升，而储能则可以在任何时候吸收或发出电能，这样风力发电、光伏发电以及储能系统就可以进行互相补充。

可替代性是指在任何一种能源供应方式突然无法持续供应时，其他的能源供应方式应该能够迅速补充或者替代，确保系统能源供应稳定。例如在风–光–热–储系统中，风力发电、光伏发电、光热发电和储能系统中的任何一种发电方式被迫须退出运行时，其他能源都可以替代其继续进行能源供应。

因此，为保证综合能源系统能源供应的稳定性，互补性和可替代性是对于综合能源系统的能源供应子系统选取能源形式的最基本要求。

② **能源转换子系统** 可以实现不同能源形式之间的互相转换。在综合能源系统中，对于能源形式的需求是多种多样的，用户不仅需要电能供应，有时还需要热和气，所以综合能源系统要求不同能源形式之间应该能够互相转换，能源转换子系统实现了这一功能。实际上能源转换子系统

是综合能源系统中最重要也是最为复杂的子系统之一，是打破各能源间壁垒的关键环节。能源转换子系统的功能能否按预期实现，关乎综合能源系统能否最大程度满足用户要求以及最高效率地利用各种能源形式。

③ **能源输送网络** 能源到达用户的重要通道。在能源互联网中，能源输送网络通常是指电网，但是综合能源系统中存在多种能源形式的转换和利用，因此能源输送网络应该包括电网、油气管道以及用水管道等（见图1-8）。当前综合能源服务领域的一个研究热点就是在技术上实现突破，使多种能源管道合一，这样将使能源输送网络的利用更加经济和高效。

图1-8 电网和油气管道是重要的能源输送网络

④ **用户终端子系统** 综合能源系统的重要环节，也是能源产生效益的环节。综合能源系统面向的客户是多种多样的，不同用户所需要的能源种类和数量也有所不同。通过能源供应子系统、能源转换子系统以及能源输送系统和用户终端的相互协调和相互反馈，可以实现能源按需配送，确保能源输送到用户终端的及时性、准确性，保证用户的高质量消费。

总的来说，综合能源系统就是一个囊括源−网−荷−储等环节的完整的能源系统。如果套用微电网的概念，综合能源系统可以看作是一个微型能源互联网（见图1-9）。未来在油、气、热等能源生产、传输、调配技术成熟的前提下，能源互联网也可以看作是一个大型综合能源系统。

图1-9 综合能源系统本质上是微型能源互联网

依赖于技术的发展，未来能源互联网和综合能源系统的概念边界将会越来越模糊，能源互联网中的诸多技术都可以使用到综合能源系统中来，而综合能源系统的技术突破，也将推进能源互联网的建设。

综合能源服务及其关键技术

在综合能源系统建设过程中和完成后,通过能源规划技术、节能服务技术、多能互补技术、先进的运行维护技术和专业商业运作手段,使综合能源系统发挥最大的服务水平和经济效益的业务,称为综合能源服务。

总的来说,综合能源服务包括"综合能源"和"能源服务"两部分。如果借助计算机的概念做一形象的比喻,可认为"综合能源"是整个业务链的硬件,"能源服务"是整个业务链的软件。

综合能源的实现,即综合能源系统的建成,是综合能源服务的基础。综合能源系统的最大优势,就是将多种形式的能源组合在一起,满足用户的用能需求。而这一目标的实现,则须依赖于多能互补技术。目前单一的能源供应模式已经无法满足环境友好、能源持续供应以及安全经济的要求。火力发电能够保证电能供应稳定,却难以满足碳排放的要求;传统的风力发电和光伏发电控制了碳排放量,却难以保证电能质量和持续稳定的供应;水电持续性好,环境友好性强,但是对环境条件要求太高,对于下游居民存在一定风险,而且启停控制不灵活,难以满足削峰填谷的要求。

多能互补技术致力于解决上述单一能源利用存在的问题。多能互补技术利用不同能源的不同特征,采用先进的控制技术保证能源供应稳定、安全,并且能够保证较好的能源质量。采用多能互补联结起来的具有多种能源供应方式的系统,就是综合能源系统。

我国在2011年投入运行的张北风光储输示范电站(见图1-10),是多能互补技术最早投入应用的典范。这项工程将风力发电、光伏发电和储能相结合,通过不同能源类型各自的特征进行交互响应和互补互济,多年来的运行情况已经证实多能互补技术在可再生能源消纳、削峰填谷、电能质量以及经济效益等方面都有明显的优势。中国在2018年建成的海西多能互补示范工程、德国MEKS多能互补系统等,都证明了多能互补技术的可行性及其优势。而基于

图1-10 张北风光储输示范工程

多能互补技术所生产出来的能源产品,加上先进的能源转换、传输和消费环节,就形成了完整的综合能源系统。

能源服务即对能源产品进行增值服务的业务。当前从世界范围内来看,电力公司、石油公司等作为能源供应商,往往只具备能源供应服务,而很少有相应的能源增值服务,这样的商业模式导致这些能源运营商只能提供基础的能源产品,没有最大程度开发能源的可用性。就像各国的通信公司,具备近乎垄断性质的网络通道,但是很少再提供增值服务,而如Facebook、Twitter等就是利用供应商提供的网络进行增值服务的公司。从结果来看,往往通信运营商耗费巨大的成本建设基础设施,相比那些提供增值服务的企业,利润却并不可观,而且因为种种商业壁垒,第三方公司的增值服务往往难以实现资源的充分利用。类似的问题也逐渐在能源供应商和运营商身上体现出来，可以理解为，综合能源服务就是能源供应商寻求自身供应能源类型价值最大化的新兴业务。

早在2001年，美国和欧洲一些国家就已经出现了综合能源服务公司，在能源领域通过节能改造、能源高效利用等方式实现能源增值服务。尽管当前能源的增值服务业务还没有像互联网增值服务那样迅速发展和全面铺开，但是未来一定会成为极大的利润增长点。这也就是近些年来，包括发电公司、石油公司、电网公司等都积极开展综合能源服务的原因。2019年，中国国家电网公司成立了综合能源服务公司，并牵头成立了中国综合能源服务联盟，这标志着能源服务在中国开始起步并迅速发展。根据官方预测，中国在2020～2030年将迎来综合能源万亿级别的市场规模。

而在综合能源系统搭建完善的前提下，综合能源服务相关增值业务就可以展开了。目前已经开展并且效益明显的综合能源服务业务主要包括节能及能效提升服务、多能综合利用服务、可再生能源利用服务以及新型能源技术服务。

① **节能及能效提升服务** 指利用合理的规划、先进的

通信技术和控制技术，通过对综合能源系统的拓扑结构、设备、运维方式等的优化提升，确保上游能源的合理供应、转换环节的快速反应、传输通道的灵活调配以及用户终端的能源利用效率，提高综合能源系统的能效水平。

② **多能综合利用服务** 指将冷、热、气、电等多种能源灵活调配、互补互济的技术。多能综合利用服务旨在打造多能源系统，提升能源供应质量和能源转换速度，迅速响应用户需求，提高综合能源系统的服务质量。

③ **可再生能源利用服务** 使用可再生能源取代化石能源，实现"清洁替代"。环境友好性是综合能源系统的重要特征，也是对综合能源服务业务的重要要求，未来甚至可能成为综合能源服务业务的考核指标。先进的可再生能源利用技术，是实现可再生能源利用服务的重要保障。当前综合能源服务公司已经大规模开展可再生能源场站、多能融合场站的建设和运维。

④ **新型能源技术服务** 指将能源领域的新兴技术引入到综合能源服务系统体系中，诸如虚拟发电厂技术、电动汽车技术、能源路由器技术、氢能利用技术等，都属于综合能源服务新型能源技术服务的范畴。综合能源技术服务

是目前能源行业的前沿，代表着能源行业最先进的成果和进展。任何能够降低碳排放、提升能源质量和能源服务品质、增强用户能效和用户体验的技术和业务，未来都将是综合能源服务的范畴。诸如德国 Next Kraftwerkr 虚拟发电厂，通过4200个分布式发电系统的协同控制，实现了能源的稳定可靠供应。中国东莞松山湖综合能源服务示范工程，则通过能源路由器技术，协调冷热电三联供电的管理，实现了系统能源供应的稳定性和可靠性。这些工程已经验证了先进技术在综合能源服务中应用的可行性。

在当前产业结构优化和能源转型需求日益迫切的背景下，建设高效能低碳的能源体系成为能源行业最迫切的需求，综合能源服务则是实现这一需求的重要途径。综合能源服务业务的全面展开，将给能源行业带来如下深刻变革。

第一，用户体验和用能成本将进一步优化。实际上综合能源服务的最终目的还是获取用户满意。综合能源系统将多种能源形式统一调配，互补互济，相对单一用能形式的建设成本更低、调度更灵活，这样用户可选择性更强，这将提升用户体验，并进一步降低用能成本。中国苏州工业园区就布设了典型的综合能源系统，系统通过多能互补统一协调的形式，相比传统能源供应园区，电力调度更加灵活，实现了分布式能源利用成本的进一步降低。

第二，环境友好性进一步提升。综合能源系统通过合理的规划方式和先进的控制技术，提高清洁能源的比例，降低污染物和碳排放，提升电能质量。在综合能源服务大规模开展后，对能源利用中的污染物治理将会有显著提升，使综合能源系统的环境友好性进一步提升。德国柏林的欧瑞府能源科技园综合能源系统，通过创新和智能系统的应用，已经实现了零碳运行，是综合能源系统实现环境友好性的典范。

第三，能效进一步提升。综合能源服务将多种能源统一使用，实际上是将特征不同的多种能源结合在一起，扬长避短，形成统一稳定的能源管理系统。这样的模式本质上是对能源的合理搭配及充分利用，减少对每一种能源在其出力使用阶段的限制，加之先进的转换和控制技术，以及用户侧使用效率的优化，能效必然大幅提升。中国上海环球金融中心通过改造实现了综合能源系统模式的楼宇能源配置，能效相比改造前提升了10%以上。

第四，能源稳定性和可靠性大幅提高。综合能源系统将大规模使用清洁能源，而诸如风电、光伏在内的清洁能源，其生产特点是间歇性，无法保证全天的平均出力，这就导致综合能源系统能源供应稳定性难以提升；而清洁能源对于环境的依赖性太强（诸如风大风小和日照强度对出力影响很大），又会影响能源供应的可靠性。在综合能源系统中，既存在可以充分利用但依赖于自然环境的可再生清洁能源，又存在可以按需调节不受外部影响的油、气等能源，加之储能系统的使用，将充分保证综合能源系统能源的稳定性和可靠性。中国雄安市民中心综合能源系统，自建成后运维至今，能源供应稳定性和可靠性已经可以媲美传统火电、水电等能源供应形式。

综合能源服务将给能源行业带来重大变革，也将是能源企业未来重要的增长点。本书将介绍在能源互联网背景下，综合能源系统建设和综合能源服务实施中的7项关键技术，主要包括多能互补与虚拟发电厂技术、多站融合技术、云储能与能源路由器技术、先进测量体系、VGI车网融合技术、人工智能与5G通信技术以及综合能源服务平台技术。这些技术的实现和突破，将成为综合能源服务的基础，也将成为能源行业跨越式发展的重要前提。

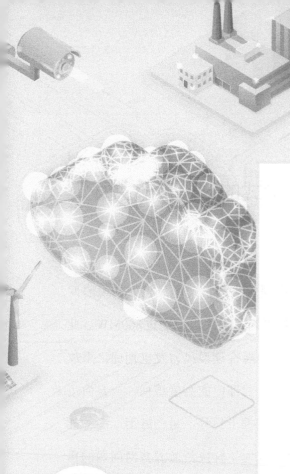

第二章

多能互补技术

1 单一供能形式的缺陷及解决方案
2 多能互补技术的概念
3 多能互补技术存在的问题
4 多能互补技术的发展趋势

单一供能形式的缺陷及解决方案

2011年2月24日,中国甘肃酒泉发生风机大规模脱网事故,共造成589台风机脱网,损失出力超过800MW。此次事故发生时,正值中国大规模建设风力发电期间。事故发生后,引起了中国电力监管部门的高度重视,一方面可再生能源并网技术的攻克被提上日程,另一方面,多种能源形式互相补充并网,也成为了解决新能源并网问题的重要方法并开始受到重视(见图2-1)。

2019年8月,霍恩西海上风电场风机因耐受低频能力不足,引发风机大规模脱网,连锁反应导致英国英格兰与威尔士大部分地区停电。此次事故在欧洲造成很大影响,同时也暴露出欧洲在大规模风力发电并网方面仍存在技术缺陷。在欧洲电网使用可再生能源替代传统火电的战略转型过程中,这次事故使得隐患暴露无遗。

第二章 多能互补技术

图 2-1　大规模风力发电并网技术已经至关重要

　　北欧地区的能源消费方式，是当前世界上最典型、也是最传统的消费方式，即将各种形式的能转化为电能输送给用户，电能输送到用户端后，再将电能转化为所需要的能源形式，进行能源消费。这种消费方式已经伴随我们上百年，但是在人们对能源利用效率和能源安全要求逐渐提高的今天，这种供能方式产生的能源浪费及因过度依赖电能所带来的隐患，也逐渐引起了人们的重视。电源侧利用热能发电，再在用户侧将电能转化为热能取暖或做饭，这样在能量转化的过程中会出现能量损失，非常影响经济性。挪威科学家曾计算典型能量转化模式的功能系统，能量损失大概在30%。

2021年，美国得州发生大停电，当时正值寒潮，因为停电导致政府供热系统瘫痪，人们无法开灯、开空调，使居民陷入黑暗和寒冷中，一度出现恐慌，甚至影响了社会稳定。出现这次事故的原因在于，得州地区的能源供应过度依赖电能，一旦电能停止输送，则会导致其他形式的能源无法转化，而供热、供气等只有在电能供应恢复后才有可能继续。一旦电能供应出现问题，系统的自愈性将变得极差（见图2-2）。

图2-2　大停电对于工业社会无疑是一种灾难

从上面的几个案例可以发现，单一形式的能源供应系统，已经难以满足当前追求可靠性、安全性和经济性的用户需求。因为各种能源系统特征不同，如果单独规划和建设，则会因运行独立而缺乏协调和配合，在能源消耗程度远未达到系统的供应临界水平时，暂且可以保证供能系统稳定，而在用能需求不断激增的今天，单一能源供应的缺陷则开始暴露。单一能源独立运行的缺陷主要体现在以下几方面。

第一是抗故障性能差。上述两起风电事故暴露出了大规模可再生能源并网给电网稳定和安全所带来的威胁。可再生能源随着自然条件的变化而出力不稳定，属于间歇性能源，而间歇性能源并网，一方面因其随自然条件波动的出力会给电网带来冲击，另一方面因其日夜出力差距较大，会给电网调度、用电经济性规划带来极大的挑战。

第二是经济性差。能量的互相转化必然会带来能量损失。因为电能传输速度快、传输通道完善，所以"能源互联网"的主要传输能量形式为电能，然而这种能源输送方式造成的能量浪费，已经开始逐渐被人们关注。例如相比于由热能转化为电能，再转化为热能供给用户使用模式，直接将热能供应给用户的方式更加具有经济性。在技术不成熟的时候，暂不能实现热能的直接使用，但当前具备技术条件的情况下，增加能源的直接利用，已经成为提升能源利用经济性的重要手段。

第三是过于依赖单种能源供应，自愈性差。在需要多种形式能源的地区，采用电能进行输送，并在落地点将其转化为其他形式能量的方式过度依赖电能，在没有其他形式能源支持的情况下，可以说电能的供应决定了城市的能源供应，一旦电能传输被迫中断，那么城市的能源供应系统将彻底瘫痪，无法自愈。在用能安全和用能可靠性逐渐提升的背景下，必须要摆脱对于一种能源的过度依赖（见图2-3）。

而多能互补技术，就是解决上述单一能源供应所带来问题的重要方法。

多能互补的定义主要可以从两个方面论述：第一方面从狭义上讲，就是将风力发电、光伏发电、光热发电、柴油机发电等方式进行结合，形成一个电力出力稳定的系统；第二个方面从广义上讲，就是不以电能为单一的输出能源，而是将电能、热能、天然气等各种能源形式协同控制，按照用户需求直接输出，这种方式充分利用了现场条件，省

图2-3 能源利用经济性需要依赖其他
供能系统与供电系统的结合

去了能源中间转换环节,实际上这就是综合能源系统的功能模式。

狭义上的多能互补技术,可以解决可再生能源系统出力稳定性差、对电网冲击性强的问题;广义上的多能互补技术,可以解决城市或者园区配电网过度依赖电能、用能安全性和后备支持能力差的问题。

对于能源的远距离输送,电能仍然是输送效率最高的能源形式,因而当前的多能互补技术大多数仍然在使用将多种能源转化为电力能源进行统一输出的模式。而广义上多种能源互补协调控制的综合能源服务模式，目前只在园区范围内进行了大量的试点应用，但项目规模正日益扩大，是未来能源互联网的高级形态和最终实现方向。随着能源控制技术的发展，目前已经大范围开展园区层面上的综合能源服务建设，已经带来了非常显著的经济效益和社会效益。

将综合能源服务的理念与能源互联网的概念融合，可以发现这是一种可以实现大规模能源利用的最优解，即将风能、光伏、核能等转化成电能对系统进行能源供应，将热能等其他可以直接利用的能源形式直接向系统供应，通过能源控制器实现多种能源协同输出，利用先进的能源互联网与综合能源规划技术，合理利用、因地制宜，实现能源供应的低碳、经济、稳定。这样的供能方式将会给能源供应带来重大变革，给能源服务带来跨越式发展。

多能互补技术的概念

多能互补技术，分为狭义多能互补和广义多能互补。

狭义多能互补是将多种形式的能源转化为电能，并利用多种能源不同的特征确保能源稳定输出的方法，已经在全球范围内实现了大规模应用，并已成为新能源大规模并网的重要解决方案。

为了解决当前能源环境问题，实现"碳达峰"和"碳中和"的目标，中国乃至世界正在推动新型电力系统的建设，而新型电力系统最关键的核心就是将可再生能源发电作为电力系统中主要的能源生产方式。因而大规模可再生能源如何顺利地接入电网，保证不给电网的安全和稳定带来损害，并且能够长时间平稳发电不脱网，就成了当前能否转型成为新一代电力系统的关键。

目前应用最广泛的可再生能源技术主要包括风力发电和

太阳能（光伏和光热）发电。风能和太阳能这两种能源拥有着不同的特征，导致其单独作为供电能源时存在诸多问题：白天风小，晚上风大，导致风力发电白天出力少，晚上出力多；而因为白天光照强烈，晚上光照较弱，导致太阳能发电白天出力较多，晚上出力较少。根据这些特点，如果能够将风力发电与太阳能发电结合，根据当地环境及气候类型，经过充分计算和搭配后，确定风力发电和太阳能发电的比例，理论上可以做到白天风能+太阳能与夜晚风能+太阳能出力接近相同，实现稳定的电力供应。而在实际应用中，风力发电和太阳能发电的组合很难保证白天和晚上近似相同的出力。为解决这一问题，可配备储能系统，在电能出力较多的情况下，将电能送入储能系统进行储存，在电能出力不足的情况下，利用储能系统发出电能予以补充，就可以保证系统的出力稳定。

按照上面这个思路设计的电力供应系统，就是风光（热）储系统，采用风力发电、太阳能发电和储能系统相配合，实现电力供应稳定。这种供电系统实际上是把风力发电、光伏发电、光热发电和储能系统做一结合，形成了出力稳定的新型电源系统。

中国最早建成的风光储系统为位于河北省张家口市的国家风光储输示范工程,该工程目前已建成500MW风电、100MW光伏以及70MW储能。该系统建成后,为冀北电网提供了超过1×10^9kW·h的清洁能源,既充分利用了河北地区的丰富光能和风能,又解决了可再生能源并网的诸多问题,成了中国解决可再生能源并网问题的典范(见图2-4)。中国当前在建和规划的风光储项目已经超过18个,可见风光储这种模式,在稳定性、安全性和经济性上都较好,具有大规模建设的条件。

图2-4 风能和光伏互补的发电技术,已经成为解决当前可再生能源并网问题的重要方法

中国最早建成的风光热储系统是位于青海格尔木的海西国家多能互补集成优化示范工程（见图2-5），该工程已建成风电400MW、光伏200MW、光热50MW、储能50MW。相比风光储项目，风光热储项目中增加的光热发电系统比光伏和风电系统电能出力更加稳定，并因其自带储能装置，所以也可以从光热系统层面控制其能量输出。将光热系统增加到多能互补系统中，进一步加强了多能互补系统的可控性，提升了能量输出的质量。该工程建成并网后，运行情况一直非常理想，也极大地提升了中国青海地区的新能源消纳水平，为多能互补系统的优化提供了新的思路。

图2-5　海西国家多能互补集成优化示范工程的光热塔

这种把其他形式的能源转化成电能，并采用先进控制技术确保电能稳定输出的方式，是目前多能互补技术应用的主要形式。除了风光储、风光热储，在实践中还存在风光火储等其他多能互补方式，因原理近似，在此不再赘述，只要是能充分利用不同能源特征进行发电，构建稳定输出的系统，都可以算作狭义多能互补的范畴。而随着可再生能源装机容量的不断增加，电力能源的规模化特征逐渐形成，使用风、光、热以及抽水蓄能电站结合的电源系统将会成为多能互补的另一种解决方案。

能源供应的第一要务是安全、稳定、可靠，在任何情况下，只有保证了能源供应的安全、稳定、可靠，才能称之为好的能源系统，也是能源系统发展其他业务的重要基础。在当前能源系统的能源供应实现稳定、可靠完全没有难度的情况下，最大程度追求能源供应的经济性成了能源系统的重要目标。

对于一些富有多种能源形式、拥有优越条件的地区，采用系统化、集成化和精细化的方法实现电能及其他多种能源的供应和配送，可以缩短能源供应环节，减少能源损耗以及能量转化过程中碳的生成，使能源供应更加经济、更加低碳。而采用电、气、热等多种能源进行互补的方法，最关键的是要从能源供应系统、能源转化子系统、能源输送网络和用户终端子系统这4个层面实现逐级配合、逐层优化，最终实现整个系统的低碳性和经济性目标。将包括电能、热能等多种能源形式进行整合，实现多种能源综合利用的系统，就是综合能源系统，综合能源系统也可以看作是多能互补系统更高级的应用形式（见图2-6）。

图2-6 综合能源系统已经成为多能互补的重要应用

能量枢纽就是综合能源系统的一种存在形式，实际上就是多能互补技术实现的一种从理论走向实践的探索型方法。在欧洲，综合能源服务业务的探索阶段出现过一些能量枢纽项目。能量枢纽简单说就是输入电、热、气等多种形式的能量，通过内部的转化和控制系统，可以根据需求输出任何一种形式的能量。当前多能网络和能量枢纽的结合是重要的研究热点，也通过多能利用方法的升级，为综合能源服务的实现提供了新的思路。目前在欧洲已有多个能源枢纽应用的项目，这项技术正在实践中逐渐完善。

德国E-DeMa项目是利用多能互补技术打造的综合能源系统，实现了热电联供。该项目将用户、能源生产商、能源运营商、设备运行及维护商等结合到一起，形成了多向交易系统，是欧盟智能电网计划的重要项目之一。虽然该工程仅有13个用户安装了热电联产装置，但具有里程碑式的意义，其试验运行的各项指标都展现了这项技术的可行性和高效性。

上海电力大学微电网项目也是多能互补技术的典型应用。该项目建设在上海电力大学临港新校区，与校园的主体建筑同步建设，并于2018年12月18日投运。工程结合校园的实际需求，配置了智慧能源管理系统、2061kW光伏发电系统、300kW风力发电系统、500kW·h多类型储能系统、49kW光电一体化充电站、太阳能+空气源热水系统以及风光互补型智慧路灯等。该项目是中国首个在校园内建设的全覆盖形式的微电网项目。项目建成至今，实现了清洁能源的集约高效利用、"源网荷储充"的协同运行以及多能互补技术和微电网技术在产学研方面的协调配合和综合利用。该项目作为中国早期的综合能源类建设工程，其各项运行指标都成为后来研究和创新非常重要的参考依据。

位于中国宁夏回族自治区银川市经济开发区（经开区）的综合能源工程（见图2-7），于2020年11月正式投入运行，相比欧洲擅长将两种或三种能源形式结合的做法，经开区综合能源工程则"激进"得多，该工程新建CHP、太

图2-7 宁夏经开区综合能源工程是较早将多种能源综合使用的工程

阳能发电系统以及储能系统，整合园区内原有的冷、热、电、水多种能源，实现了多种能源的综合利用。根据其建成后的运行效果来看，系统运行在经济性、环境友好性等方面，相比传统的功能方式，都有着巨大的提升。

欧美国家2010年左右就已经开始部署综合能源系统，到现在已经有上百个项目在运行，中国自从2018年正式开始大规模推动综合能源服务业务以来，已经完成上百项综合能源工程的建设，其中绝大多数都是采用多种能源互补的方法实现的，而且运行指标均优于单种能源供应形式。这些案例都证明了多能互补技术的可行性和优越性。未来随着更多的工程上马，多能互补技术必将在实际工程中边验证、边提升。

3 多能互补技术存在的问题

实践中,多能互补技术在展现其优越性的同时,也难以避免地暴露出了一些问题,主要包括系统规划、智能调控、协同控制与互动、综合评估、系统信息安全等,不同的项目因其侧重点和对运行指标的要求不同,暴露出的问题也就体现在了不同的方面。因而为了解决这些在实践中遇到的问题,需要对多能互补技术重点问题进行深入的研究。当前电力工作者主要在通过以下方面提升综合能源系统中多能互补技术的利用水平。

① **多能源规划与选址,各种能源形式的定容** 多能互补工程乃至综合能源工程,最大的特点就是因地制宜、协调配合,将各种能源的特征和经济性发挥到最大。因此,前期规划是多能互补技术最重要的工作之一(见图2-8)。在做前期规划时,需要充分做好调研,工作内容包括:明

第二章 多能互补技术

图2-8 多能互补工程的合理规划是工程最重要的因素

确现场各种能源的分布和特征，准确计算，制订新功能系统的规划方案以及选取储能设备容量，进行各种能源输送通道的规划和建设，甚至规划利用已有的能源通道等内容。各项工作协调完成后，才能确保综合能源系统建成后达到较为理想的运行指标和运行状态。

实际上，当前已建成的综合能源系统，虽然规模不大，但是构造是相当复杂的，特别是利用的能源种类越多，其配合程度就越复杂，需要的控制系统功能就越强大，而这一切都要在初期阶段做好规划。欧美国家的综合能源业务起步较早，但是大多数都是使用类似两种或三种能源互补的形式，而中国的综合能源业务起步较晚，但起点较高，大多是采用四五种或者五种以上能源进行互补的形式。目前综合能源业务也是向着更多能源种类互补的模式发展，欧洲一些已建成的综合能源工程，也都在纷纷探索更多能源的扩展。所以多能源规划与选址、各种能源形式的定容等已成为综合能源服务的龙头，直接影响了后续的工程质量。

② **多能系统的互动** 多能系统之间的互动，对于多能互补系统具有重要的意义。多能互补系统是由多种能源供应系统组成，由高度智能的控制系统将其整合为一体。而其重要特性之一整体性的体现，即为多能系统的互动。如果多能系统不能互动，那么多能互补系统仍然只是多个能源系统的简单组合，而如果能实现多能系统的互动，控制各能源系统的工作状态和输出形式，这样的系统才能称为一个整体。例如在典型的多能互补系统——风光储系统中，为了实现能源输出稳定，多种能源系统就必须要实现互动。当光照变弱，光伏系统被迫减少出力的时候，风力系统则需要通过切入风机的方法实现风力出力的增加，而通过风力发电和光伏发电出力之和与电网所需电能出力的比较，储能系统继续进行出力调整，这样就实现了风力系统、光伏系统和储能系统的互动。其他的各种能源系统的互动

方式也多为这样的方式。当前的多能系统互动模式,各种能源系统出力的变化和调整主要有两个依据,一个是对于用户需求的响应,另一个是其他能源形式的出力情况。当前主流的多能互动还是通过预设程序或者半人工投切协助来实现,但是越来越多的人工智能技术、数据分析技术以及需求响应技术的融入,使综合能源系统变得越来越智能,而在智能化程度越来越高的背景下,多能互补系统也就出现了另一个重要的问题,即多系统的智能调控与配合。

③ **多系统的智能调控与配合** 在多能互补系统中,实际上存在多个子智能系统,这些子智能系统之间需要实现协同配合,才能实现综合能源系统的多种功能。在装备生产技术已经非常发达的今天,这种多系统的智能调控与配合,主要体现在成套设备和多能控制系统上。在北京大兴机场综合能源服务系统中,使用多个子智能系统进行调控,子智能系统可以在完全脱离人为控制的情况下,通过需求响应分析实现不同能源的供应和调整。随着人工智能技术的发展,这样的技术将不断融入综合能源系统的多能互补技术中,在美国、欧洲一些国家和日本的综合能源系统中,使用人工智能技术,根据能源需求和供应变化对系统进行

控制是一种非常流行的做法，中国的多能互补工程更多的是在已经有部分能源供应的系统中进行改造，所以更多的是对已有的系统进行智能化改造，并将其与新的智能化系统进行结合。但是不论是新建系统还是改造后的系统，多系统的智能调控与配合，都是综合能源系统能够实现低碳经济性的关键，也是未来多能互补技术中最关键的技术应用之一（见图2-9）。

图2-9　人工智能技术将极大提升多能互补利用水平

④ **多能互补系统的评估**　一个工程建设完成后，到底是好是坏，无论对于建设者还是使用者，都很重要。而对于多能互补系统来说，什么样的多能互补系统是好的，什

么样的是差的，也是非常重要的。因而对于多能互补系统来说，一套完善的评估体系是不可少的，因为当前多能互补系统工程多种多样，所以还没有可以应用于全行业的评估体系，但是对于一些典型的多能互补系统，如风光储、风光热储等，都已经拥有了非常科学的评估体系。对于多能互补系统的评估，主要是对其可靠性、能源供应质量以及系统的适应性进行评估，而对于如何开展评估、制订怎样的评估指标以及如何确保评估方式的科学性，还需要更加深入的研究。从当前世界上已建成的多能互补系统的评估方法来看，评估方法需要具备至少三个方面的特点：第一是准确快速，即能够通过一些指标迅速对系统进行评价，获取实时有效的信息；第二是具有较强的通用性，即能够应用于不同的系统；第三是实用，易于实现，所使用的指标易于获得，评估方法简单易行等。

⑤ **多能互补系统的信息安全** 虽然多能互补系统是一种先进的能源系统，但是因其大多规模较大，且融合了信息流、能源流、数据流等，其信息安全的保障也成了至关重要的问题（见图2-10）。自从2009年全世界大规模推动智能电网的建设以来，电网已经不再是简单的能源输送通道，

图2-10 电力信息安全已经成为多能互补技术的关键问题

而是融合电力、信息、数据等的能源互联网,信息技术在能源互联网中的应用,使电网安全的隐患逐渐暴露出来。2010年发生的由黑客攻击引起的乌克兰大停电,以及近些年来频发的信号攻击、系统攻击等事件,证明了能源网络与信息密不可分,也体现了能源系统信息安全的重要性。而对于综合能源系统的信息安全,主要有两个方面的要求:第一是在信息流传输时有较好的加密机制,保证用户信息和系统信息不泄露;第二是在系统受到攻击时,能有良好的防御性和自愈性,能够抵御攻击,或者在受到攻击后迅速恢复。在当前已经建设完成的多能互补系统中,信息安全的保障已经受到高度重视。目前多能互补系统的建设规模越来越大，未来一旦信息安全出现问题，将可能导致区域甚至国家能源供应受到影响，尽管能源互联网对于此也有相应的防护机制，但是从多能互补系统本身出发，保障信息安全，将会是对能源互联网安全性的深层次保障。

从上面对多能互补技术中的关键问题描述可以看出，与多能互补技术牵扯的问题大多与智能化、集成化等相关，从而也可以看出多能互补技术未来将会利用最新的先进技术，向着集成化和智能化的方向发展。

4 多能互补技术的发展趋势

谈及多能互补技术未来的发展趋势，至少需要从两个方面来论述，第一是多能互补技术的应用领域，第二是多能互补技术未来的发展形态。

对于多能互补技术的应用领域，未来至少应该在两个方面得到具体体现。第一是在以电力能源为主的能源互联网中，利用多能互补技术获得具有稳定能源出力的电力能源，如当前广泛应用的风光储、风光热储等。第二是在以多种能源形式相配合的综合能源系统，利用多能互补技术实现多能互动，实现能源供应和需求响应的互动，如当前已经在世界范围内的工业园区、机场、大型社区、学校等场合中大量部署的综合能源系统等（见图2-11）。上面这两种应用领域也就对应了狭义的多能互补系统和广义的多能互补系统。

图2-11 多能互补技术将为城市带来飞跃发展

结合多能互补的未来发展形态,根据当前的研究热点和工程类型,未来多能互补技术将会具有如下几个方面的特点。

① **系统集成程度更高** 如前所述,为实现多种能源的无差别互动和同等层级控制,多种能源系统的集成是至关重要的。集成的目的是能够使不同的能源系统实现充分互动和响应,真正将综合能源系统变成为一个"系统",而非几个独立能源系统的整合。

② **以用户需求为中心** 因多能互补技术的控制更加灵活,并且与需求侧的互动更加高效和频繁,所以未来的多

能互补技术将具备克服系统本身的限制、实现以客户为中心调控的条件。这样的控制模式以用户的需求为依据，在能源冗余度相对较高的情况下进行控制，将进一步提升用户体验。

③ **分布式和去中心化控制**　传统的多能互补系统一般存在一个控制中心，对整个系统进行控制，这种集约化、中心化的控制方式，能够以最简单的任务模式高效地完成各种任务，但是其可靠性仍存在一定问题，如控制中心出现故障或问题，将会导致整个系统的失控。去中心化的控制方式，则将控制分布在不同的环节，通过人工智能等先进技术实现相对复杂的控制方案，提升系统的可靠程度。

④ **先进的通信技术、大数据技术和人工智能技术等多种技术结合**　先进的信息和通信技术、智能控制技术在多能互补系统中应用，是为了系统内部能够更好地调节，系统之间能够更好地配合。一方面多能互补系统更加复杂、数据量更大，传统的控制模式、逻辑和数据处理方式已经难以对其实现全方位的控制；另一方面，使用新方式对越来越复杂的信息和系统进行控制，将会使多能互补系统产生更大的价值，发挥更强的效用。

⑤ **抗风险能力更强** 多能互补系统因其集成化程度更高、控制更加智能、更加以用户为中心,从而在某些极端情况下,在一些能源无法实现出力的情形中,系统将从整体的运行层面出发实施控制策略,通过能源形式转化等方式实现对能源供应的补充。所谓的多能"互补",不仅是针对用户需求对多种能源进行补充,而且是要在某种能源短缺的情况下,通过将不同形式的能源互相转化,实现这种能源的持续可靠供应。

多能互补系统是综合能源系统的重要主体,而多能互补技术是综合能源服务的重要基础。未来多能互补技术的突破,将会使综合能源服务行业实现跨越式发展。

第三章

多站融合技术

1. 多站融合技术的发展背景
2. 多站融合的特征和形态
3. 多站融合技术的特征
4. 多站融合建设中的问题

1 多站融合技术的发展背景

随着人工智能、大数据、云计算、移动通信和物联网等技术的发展，各领域都开始借助这些先进技术，提升自身智能化、数字化和信息化水平。能源行业作为关系经济社会发展的重要行业，其数字化水平和信息化水平的提升对其行业水平提升有着重要的意义。作为传统行业与先进技术融合的代表，能源行业正依靠这些新型技术实现跨越和转型。特别是在中国提出"互联网+"之后，多种技术的融合已经从国家战略层面上开始快速实施，世界各国的电力公司也纷纷提出构建新型电力系统、电网数字化提升等各种战略。当前电力企业、石油天然气企业和煤炭企业等能源企业都在通过"智能电网""智慧能源""智慧油田"等模式实现新技术和传统企业的融合。随着一系列示范工程的建设与运营，新技术所带来的经济效益和社会效益也逐渐显现。随着电力系统传输数据量越来越大,对于传输效率的要求越来越高,对于信息安全的依赖性越来越强。先进通信设施的建设,已经成为能源系统实现转型的重要条件,而能源行业对于数字化、智能化和信息化提升的需求,为能源设施与通信设施进行融合提供了先决条件。

5G技术是目前通信技术的高峰,中国和欧美国家正在加快部署5G,以抢占下一次社会和工业变革的领先位置。5G技术的应用,将为人们的生活以及社会生产水平带来前所未有的提升,为实现高质量生活和高水平生产提供有效的保障(见图3-1)。然而5G基站却存在耗电量大、选址困

图3-1　5G技术已经成为城市发展的重要支撑

难等问题，这些问题险些成为5G技术发展的绊脚石。在讲究"融合"的今天，在通信行业向内无法找到答案的时候，通过向外与其他行业的融合，找到了解决这一问题的最佳答案，即将5G基站与电力变电站建在一起，配备电源和数据中心等，此方法解决了5G基站耗电量大的问题，为5G建设提供了重要的支持。

在解决5G技术发展难题的过程中，曾经寻求过很多种解决方案，而作为普遍存在的重要电力设施变电站，以其自身的诸多优势成为了解决5G建设难题的关键。

首先是变电站本身分布和内部布设的特点，使其成为多站融合技术实施的重要条件（见图3-2）。目前低压电力变电站大多分布在人员密集的区域，这些区域不仅用电量大，同时对于通信网络也有很高的要求，所以变电站的这种分布状态，解决了5G基站建设的选址问题。另外，为了保证变电站内安全、方便人员运维等，变电站在建设时内部预留了很大的空间，如果能够合理规划这些空间，在不影响运维的情况下，为一些通信设备留出位置进行部署，那么将为多站融合带来更多便利条件。另外，当前的低压电力变电站正在向无人值守、智能运维的方向转变，这样变电

第三章
多站融合技术

图3-2 变电站选址和内部布设情况

站就不再需要运维人员和值守人员,为运维预留的空间将可以提供给其他设施来使用。综上所述,由于变电站分布在通信网络需求量大的人员密集区,其内部拥有富余的空间进行通信设施部署,这也就为通信设施的部署提供了便利条件,成为在变电站实现与5G基站多站融合的基础。

在上面这些条件的推动下,以及电力、通信相关技术已经趋于成熟的条件下,将电力技术、通信技术等融合在一起,互相支持、优势互补的多站融合技术便应运而生。

2 多站融合的特征和形态

多站融合技术，实际上是根据现场环境合理进行选择，将变电站、充换电站或储能站以及数据中心等建在一个站的位置上，实现一个站多种功能。多站融合技术，一方面达到节约用地的效果，另一方面不同类型的站之间可以互相支持，获得更好的运行性能。

值得一提的是，虽然多站融合的基本形态是变电站、充换电站或储能站加数据中心，但是实际应用中，还有更多的应用形式，例如将5G基站、北斗增强站、分布式新能源电站以及环境监测站等多种类型的变电站整合在一起。

河北朱河多功能智慧能源综合体，是中国早期多站融合技术成功实施的案例和实现"能源流、业务流、数据流"多流融合的早期探索，也是中国目前大规模推动和部署的集控站的早期形态。该项目在2019年12月就已投运，通过变电站、数据中心站、充电站"三站合一"的形式，实现了能源流、数据流和业务流的跨界整合。项目通过统一的综合能源服务平台，对业务进行支撑和整合，实时收集电网系统状态，风电、光伏等的发电状态，站端设备的运行状态，实时环境状态等信息，利用先进的"源–网–荷–储"协调控制技术，实现能源多样化、互补协调，业务流多维度转换、互联互通、优化控制，并能实现全景展示。该项目的建成和投运，不仅成了中国探索多站合一技术的重要工程，也打造了正定自贸区的综合能源管理中心，大幅提升了电网在多种能源综合利用和统筹方面的管控和应用水平。

2020年8月21日在中国重庆投运的南岸多站融合项目（见图3-3），也是把电力变电站、5G基站、数据中心、北斗信号增强站、充电站以及便民服务站融合在一起，成为具有多种功能的新型服务站。

随着未来用地越来越紧张，为了向用户提供更高级服务，各种服务站的建设越来越多，多站融合技术已经成为解决可用土地紧张和用户需求不断升级的矛盾的重要方法。

从前面描述可以看出，采用多站融合技术建成的多功能

图3-3 重庆南岸多站融合项目验证了多种类型服务站
融合的可行性和优越性

站,主要的两个特征就是占地面积小、功能多。多功能站主要具备如下功能。

① **电力变电站** 多功能站大多数还是在变电站的站基上建设而成的,所以多功能站首先具备变电站原本的功能,但是变电站已经不再是仅仅作为输变电设施这么简单了,它还需要为变电站内部的通信设施等设备提供电能。

② **储能或充换电** 位于人口密集区的多功能站,同时还兼具了储能(或充换电)的作用。对于这项功能,不同环境条件下的多功能站其功能是不一样的。对于电气位置

重要的多功能站，多配置储能功能，以实现电力系统的电能调控；而位于电气位置相对不重要、人员较为密集区域的多功能站，则更多地配置充换电功能，以适应电动汽车的充换电要求（见图3-4）。位于中国甘肃省的国网安宁桃树村多站融合项目，就具备储能和电动汽车充换电功能，不仅能够参与到电力系统稳定性调控中，还能为电动汽车提供优质电能。

图3-4　福建东二环岳峰多站融合充电站

③ **数据中心**　根据数据中心的固有结构，数据中心可以分为核心、枢纽和边缘三种形式。根据变电站的分布位置不同以及所能容纳数据中心能力的不一样，将三种形式

的数据中心按需建设。通过多功能站的形式建设数据中心，实际上是将计算容量分散，将计算能力集合，以去中心化的模式汇集计算能力，将极大地提升资源利用效率，这一点将在后文中进行集中阐述。同样位于中国甘肃省的中型多站融合数据中心站兰州110kV砂坪变数据中心，于2020年4月23日建成投运，为建设甘肃省级别的大数据中心奠定了基础。

④ **可再生能源消纳站**　从电力层面上说，多功能站本质上是一种电能分配站，将接入的电能进行消纳和分配。多站融合对于可再生能源的消纳主要分为两个层面：第一是将从外接可再生能源系统获得的电能，通过智能控制方式进行消纳；第二是多功能站也将作为能源站，在站内建设分布式可再生能源，并进行就地消纳，无法消纳的再进行外送。目前在实际工程中，上面两种情况都有应用，在全世界范围内大规模推进分布式能源建设的背景下，多功能站中融合分布式可再生能源将成为趋势。位于中国安徽省的始信路数据中心站（见图3-5）就使用了屋顶光伏的形式在多功能站中构建了分布式能源供应系统。

⑤ **智能服务和综合能源服务**　多功能站采用大量的先

进技术，实现智能控制和信息化，并且实现可再生能源甚至电能之外的其他能源的综合利用，科学融合，就地消纳。实际上多站融合技术也是综合能源服务的一种应用形态，属于综合能源系统应用的关键技术。从目前实际工程来看，多站融合技术已经成为非常成熟的综合能源技术。

上面阐述的功能，只是多站融合技术发展到今天已经展现出来的部分功能形态。但是当前面临着用地紧张、基建设施需求逐年提升的现状，未来随着多站融合技术的发展，多功能站的功能将会更多，使其为生产生活带来更多便利。

3 多站融合技术的特征

自从第一个多站融合项目落地,多站融合技术逐渐开始成为电力和通信设施融合的关键和主流技术,无论是在理论研究层面,还是在实际应用层面,都已经取得了很大的突破,从试验项目看运行数据良好,并且实现了多站融合规模化和模块化建设。而在当前已完成的多站融合项目中,虽然实现的功能各有不同,但是在一些关键技术方面,拥有着下述类似的特征。

① **多类站融合化建设** 为了提升多功能站对已经很稀缺的土地空间的使用效率,并且完成国计民生需要的能源、通信等的重要功能,多站融合技术实际上是采用一种站的空间实现了多个站的建设。这样的模式不仅优化了资源配置,还实现了跨界业务的融合应用。实际上多站融合技术将能源、通信等传统行业通过融合和资源复用,使其更加

现代化和智能化。从当前中国已经启动多站融合的试验工程来看,基本上都是一个站的空间实现了四五个站的功能,无论在电力领域还是在基建领域,都是高效利用的典范(见图3-5)。

图3-5 安徽始信路多站融合示范站,实现了"七站合一"

② **多领域协同应用** 因为多站融合技术实际上是将不同业务领域的关键设施和技术融合在一起建设,所以在其建设完成投入运营的时候,也会牵涉多领域协同应用的问题。首先在业务上,多站融合技术会牵涉电力能源、信息通信、政务服务、民生服务等方面的业务重叠;而在应用主体上,则会实现能源企业、通信企业、政府机构等的业

务使用。因为具备这些特点，所以一方面要求多功能站需要具有多种业务同时进行的能力，另一方面又要求其具备不同企业多线操作的功能，并且不同的业务和企业在使用多功能站的时候，不会出现互相影响的情况。目前已建成的项目中，这种并行的业务流已经实现（见图3-6），并且不存在相互影响的问题，而实际上利用合理的规划，有一些业务之间还具备互相促进的作用。

图3-6　乌鲁木齐河南东路变电站多站融合，实现了多业务流的贯通

③ 资源利用率更高　相对传统的电力和通信基站的建设模式，多站融合技术和工程实现了更高的资源利用率。

对于电力行业来说，实际上可以通过站内的通信设施，提升变电站与集控站、调度等的通信水平，提高电网的安全性和灵活性；相对于通信行业来说，位于多功能站内的数据中心，通过分层布设实现了综合利用。实际上每一个多功能站，都相当于数据网络中的一个边缘计算节点，尽管根据其计算能力和位置不同进行了划分，但是实际上这种数字网络结构更加地去中心化，不仅提升了通信网络的效率，还提升了通信网络的安全性。在当前已建成的项目中，已经展示出对电力网络和通信网络资源的极高效利用，未来在其他领域内的资源利用率也将被不断提升。山东省寿光市金光街多站融合示范站（见图3-7）通过布设通信设施，将变电站等效成为一个边缘计算节点，这样的构架将计算工作量进行了分散，实现了去中心化，高效利用了计算资源。

④ **信息服务高速**　因为多站融合技术通常将站址选在人口密集区的变电站的位置，实际上是间接实现了5G基站和数据中心的广泛布点，使用户可以使用附近基站的通信信号，从而能够提升网络速度，降低网络延时，提升信息服务效率。从目前已建成的示范工程来看，在通信速度和

图3-7 山东省寿光市金光街多站融合示范站是
多功能站实现边缘计算功能的典范

网速方面用户的体验提升程度较高。

在基建设施相对完善,客户对于服务质量和用户体验要求越来越高的今天,多站融合技术已经成为能源、通信等行业提供优质服务的重要手段和方法,未来使用多站融合技术建设多功能而非单一功能的服务站将会成为主流。

4 多站融合建设中的问题

多站融合技术以其超前的理念、先进的技术和高效的管理模式,成为电力和通信基建的新宠儿,但通过一段时间的运维也暴露出了一些问题。结合实际情况,将这些问题描述如下。

① **选址问题** 选址对于多功能站的建设极为重要,好的选址应该能利用周围环境和已有设施,将各自配合的优势发挥到最大,真正达到"1+1>2"的效果。在选址的过程中,需要对气候、经济条件、变电站分布和变电站类型等进行考虑。通过对气候以及外部环境等情况的调研,明确是否有利于通信信号的传输以及通信设备的运行,其他各种服务是否具备实施条件;通过对经济条件的分析,可以明确该地区是否需要多功能站的建设,根据对经济情况、人员消费水平等的分析,能够确认多功能站需要提供哪些

类型的服务以及服务的深度；通过对变电站分布的分析和调研，能够了解变电站周围的情况和对通信、数字服务的需求情况，从而判断多功能站建设的必要性及需要建设的站的类型；通过对变电站类型的分析，可以判断变电站是否适合建设多功能站。目前的研究表明，多功能站比较适合建设在110kV及以下的变电站中，对于110kV以上的变电站，无论是从安全性还是从其分布上来看，都不适合建设多功能站。以上是在多功能站建设和规划时需要考虑的一些问题，但随着技术的进步、用户需求的提升以及服务形式的多样化，一些选址和规划标准可能会发生变化，但最终仍是以提升服务水平和质量为目的。

② **需求分析** 见图3-8，即要做好建设地区的需求分析。需求分析需通过多个方面。首先是确认当地居民的生活生产需要多功能站具备哪些功能，任何一项科技创新和新的工程最重要和最根本的目的还是提升人的生活质量；其次是确认行业的革新和发展需要在多功能站上有哪些体现，在多功能站的功能选择上需要做到有所取舍，因为多功能站实际上是一个站代替了多个站的功能，也就是说，建设了多功能站之后，就不需要再建设原本需要建设的诸

第三章
多站融合技术

图3-8 需求分析是多站融合技术中的关键问题

如储能站、数据中心等其他站了,所以在建设多功能站之前,需要明确在多功能站上体现出哪些革新和创新,如果这些新的功能在多功能站中无法体现,并且无法相互促进,那么多功能站就只能是不同类型站之间的叠加,不能实现相互促进和相互融合;最后是要明确这个站在系统中是一个什么地位和功能,实际上多功能站既是变电站,又是数据中心,又是通信基站,那么就要明确这个站在电网、数据网和通信网中,各自需要扮演什么角色,哪一个站更重要,这样有侧重性地实施建设,做到既可以最大程度地发挥多功能站的作用,也不浪费技术资源。

③ **网络安全** 网络安全问题对于任何信息化设备和工

程都是极其重要的,而多功能站实际上是一种非常先进的信息化产物,所以在建设时需要重点考虑网络安全问题。网络安全出现问题,系统、重要站点被入侵或者攻击,对居民的用电、通信以及各项生活都会带来很大的影响。网络安全主要包括两个层面:一是拥有完善的加密和保密措施,保证多功能站本身不会被入侵或者能够承受外来的攻击;二是多功能站不存在信息泄露等问题,不影响整个网络的信息安全。在实际工程建设和网络规划中,至少需要通过这两个层面实现多功能站的网络安全提升。

④ **多功能站标准的建立** 变电站、充换电站或储能站以及数据中心等,当前都已经有非常完善的标准了,但是能否将它们直接移到多功能站上,是一个值得考量的问题。如前所述,多功能站的各个功能之间存在着相互促进的关系,这也就意味着在标准上需要有所变化。有一些功能被其他功能支持,那么其标准就应该相对宽松,而有一些功能需要支持其他功能,那么这种功能的标准就应该相对严苛一些。但是对于不同环境和不同情况下,各种功能之间的支持程度不同,需要留下的裕度也不同,因此,制定多站融合的标准也存在着一定困难。当前对于标准的建立,

主要存在两种思路：一是划分不同典型场景，针对不同场景制定标准；二是将不能确定的因素当作变量，制定标准的时候只强调变量和标准参数之间的关系，根据变量在环境中的实际数值确定标准中参数的数值。目前这些标准制定的方法已经开始应用在多站融合技术中，未来成熟的标准体系将支持多站融合技术更加健康、更加快速地发展。

多站融合技术目前已经在全世界范围内落地多个项目，未来仍然会持续进行建设。作为综合能源服务的一种重要形态，将能源、数据和通信资源以及各种便于生活的资源进行有序组合和高效输出，多站融合技术将成为未来能源互联网和综合能源服务中的重要技术。

第四章 云储能技术

1 储能技术的产生和分类
2 云储能技术
3 云储能技术的特点

储能技术的产生和分类

电能自产生之日就被认为是生产之后需要立刻被消耗的能源，无法储存。为了能够对电能加以控制和利用，人们在空间和时间上对电能的分布和使用进行了干预。

电力设施的建设，包括发电厂、输变电设施、用电系统的建设等，实际上是从空间上改变了电能的分布，使电能能够从发电侧输送到各个用电位置。目前电力设施的建设逐渐完善，特高压输电技术能够跨越长达3000km以上的距离进行电力输送，也就是说刚生产出来的电能可以瞬间实现3000km的传输。到目前为止，在空间上控制电能的问题，已经通过输变电技术基本解决。

而在时间维度上控制电能的使用，实际上是一个比较艰巨的任务。本质上电能是无法延时使用的，也是无法存储的，而随着电力系统的规模越来越大，要想每个时刻都严格地使生产的电能正好等于使用的电能难度越来越大，加之大规模接入的可再生能源的间歇性特征，以及富余或者缺乏的电能，导致电力系统的稳定性受到了极大的威胁。

储能技术就是在时间上控制电能使用的一种尝试。在储能技术的支持下，生产出的电能不需要立刻消纳，而是储存在储能装置中，在电能短缺的时候再拿出来使用。实际上储能技术本质上并没有延时电能的使用，而是在电能富余的时候，将电能转化为一种其他形式的能量进行存储，并在需要使用电能的时候，将这种形式的能量转化为电能，送入到电力系统使用。

储能技术自最早的蓄电池技术到后来的飞轮储能、压缩空气储能甚至抽水蓄能等，经历了多种形式和阶段，但不管处于哪个阶段，以及产生了任何的革新，储能系统的主要任务都是实现电力系统的经济性和稳定性。时至今日，储能技术已经相当成熟，在当今的电力系统中，无论是在发电侧、电网侧还是用户侧，储能技术都发挥着重要的作用。

在发电侧，储能技术一方面用于抑制可再生能源的波动，保证输出电能的平稳性；另一方面提升电能输出的可利用小时数，减少"弃风"和"弃电"现象，提升发电的经济性。在中国最早建设的位于河北省张家口市的国家风光储输示范工程中，就使用了储能技术使不稳定的可再生能源系统出力稳定。当前建设的可再生能源工程中，已经有相当一部分配置了储能系统，保证了可再生能源系统的稳定性和经济性（见图4-1）。

图4-1 在大型风光储工程中储能被用于维持系统输出的稳定性和经济性

位于新疆和田市的新华圣树光伏180MW光伏电站40MW/80MW·h光伏储能联合运营试点项目，是中国最早建设的大型单体发电侧储能项目。项目使用磷酸铁锂储能电池，共计安装61个储能集装箱，通过两回相互独立的35kV线路与光伏电站110kV升压站的35kV母线进行连接。

该项目的建成，保证了与其相连的光伏电站的平滑出力与电网的稳定性。该项目于2020年1月11日并网，运行至今保障了和田地区的供电稳定性和可靠性，给当时正在进行的煤改电提供了重要的保障。

在电网侧，储能技术主要用于调频和削峰填谷。因电网中的有功功率富余或缺乏都会导致电网频率偏离额定频率，影响电能质量和电力系统稳定性。利用储能技术，在电网侧还可实现"削峰填谷"，一方面减少用电高峰和低谷期对电网的冲击，另一方面保证用电质量和用电安全。当前世界范围内已经出现很多储能站，这些储能站在电力系统调节中起到了重要的作用，并且与电动汽车充电站和分布式光伏相配合，使其控制能力进一步加强。如2021年中国湖南省建设了二期电池储能示范工程（见图4-2），采用10MW，2000kW·h的容量进行电网调节和削峰填谷，未来更大规模的储能系统上马后，将使该省的电网运行更加稳定和安全。

在用户侧，储能技术能够提高供电稳定性，减少极端天气等造成的供电中断给用户用电带来的影响。实际上，在重要的负荷上都配备有储能设施，诸如医院、政府、公安

图4-2 湖南电网二期电池储能示范工程邵阳磨石储能电站

局等维持城市运转的重要机构，都配有UPS等储能设施。未来随着用户对电能质量的要求越来越高，用户侧储能的配置也会越来越多；另外，当前用户侧的储能也常配备充电桩、太阳能电池等，在保证用户用电的情况下，提供更多样的服务（见图4-3）。

图4-3 用户侧储能常搭配充电桩、太阳能电池等以提供更多服务

第四章
云储能技术

重庆分布式储能与区域电网互动项目，是用户侧储能技术应用的重要案例。该项目在2012年就已经投运的重庆空港电动客车充电站的基础上增加分布式储能设施，通过先进控制技术和调度技术，实现了大功率电动汽车充电设施、分布式储能设施和电网调度系统的互动。项目于2019年10月24日投运，克服和解决了梯次利用电池过程中诸多技术问题，并通过该工程对分布式储能和区域电网实现互动的关键技术进行研究。项目投运以来，验证了分布式储能在电网调节中的重要作用，还在储能设施和电网互动的基础上，对未来分布式电力设施与电网互动的通信方式、电网中储能在互动过程中的控制以及在互动过程中的监控与优化等技术进行了探索，为未来通过储能技术实现其与大电网或微电网之间的充分互动提供重要的依据。

从形式上来分，储能技术主要可以分为5种，即机械储能、电化学储能、化学储能、热储能、电磁储能。每一种储能方式都有其优势和缺点，适用于不同的场景。

① **机械储能** 利用电能和各种机械能之间的转化，达到按需存储电能和释放电能的目的。抽水蓄能技术（图4-4）是当前使用最广泛的机械储能，其原理是利用富余的电能

图4-4 抽水蓄能电站已经成为电力系统调节的重要枢纽

将水从低处送到高处,将电能转化为势能储存起来,在电能缺乏的时候将高处的水放回低处,使用势能发电,将电能反馈系统。目前世界上已经建成数以百计的抽水蓄能工程,为电力系统的稳定、经济运行做出了巨大的贡献。除此之外,还有压缩空气储能、飞轮储能等,都是应用比较广泛的机械储能方法。机械储能的优势在于效率高,单位电能储量的造价低,但是其能量密度不高,存在自放电等现象,常应用在发电侧及电网侧的削峰填谷,在大型系统中应用得比较多。

山东泰安肥城压缩空气储能电站项目(见图4-5),是中国第一个投入商用的压缩空气储能项目,也是极具代表性

图4-5 山东泰安肥城压缩空气储能电站项目是
中国第一个投入商用的压缩空气储能项目

的机械储能应用工程。该项目空气压缩储能设备由中国科学院研发，主体工程与电力公司合作建设，整体配备10MW的压缩空气储能设备，于2021年8月4日投运。工程充分利用泰安肥城地区的优势，即地下盐穴密闭性强、稳定性高等特点，在电网用电低峰时段压缩空气至盐穴腔体，储存多余的电能，在电网用电高峰时段排气推动发电机发电，能够较好地辅助电网进行削峰填谷。山东泰安肥城压缩空气储能电站项目的建成，最重要的意义是论证了压缩空气储能技术的商用可行性，并会在后续的运行过程中提供各项运行指标和运行参数，用于大规模空气压缩储能工程建设的研究和推进。工程投运至今，较好地发挥了其作为储能削峰填谷的重要作用，也为后续压缩空气储能工程的建设和相关新功能的开发提供重要的参考。

② **电化学储能** 将富余电能存放在液态电解质中，通过电解质的化学反应释放电能。电化学储能技术已经属于当前比较成熟的储能技术，电池使用寿命也长，但是电化学电池存在使用时发热等问题，会导致安全问题以及能量损耗。电化学储能应用最广泛的当属在电动汽车和一些电力储能项目中的锂电池。锂电池储能技术是当前发展最快的储能技术，电化学储能技术也是当前最具发展前景的储能技术。另外，铅酸电池、钠硫电池也是重要的电化学储能形式。2018年7月投运的江苏镇江储能电站示范工程，建成容量共计101MW/202MW·h，采用磷酸铁锂电池技术；2020年9月投运的山东口镇综能储能电站，建成容量共计1.6MW/3.2MW·h，采用铅酸储能电池技术。上述工程以及当前世界范围内数以百计的电化学储能工程，验证了电化学储能技术在实际应用中的优良性能。

③ **化学储能** 本质上是利用一些化学反应的可逆性进行电能的存储和释放。如利用富余电能制氢或制甲烷，在电能短缺需要发电的时候，燃烧氢或甲烷发电。化学储能

的特点在于单位储存容量大，能量存储时间长，能量存储稳定，但是在化学反应过程中能量损耗较大，且成本较高，也是其暂时难以避免的缺点。另外，化学储能常同集中式或者分布式可再生能源系统共同建设，以实现能量输出的稳定性和能量存储的高效性。目前化学储能正在降低成本，以实现大规模应用。虽然化学储能应用并不像其他几种储能方式那样广泛，但是当前人们已经发现化学储能的高效性及其对环境保护的重要意义，目前中国已经在全国范围内铺开以氢作为储能介质的化学储能技术，以阿联酋、沙特阿拉伯为代表的中东国家也在借助氢储能的方式推动能源转型。可以预见，未来化学储能将在全球储能市场中占据重要位置和相当大的比例。

④ **热储能** 将电能转化为热能，储存在隔热罐中的储能形式。热储能技术的基本原理可以表述为：当电力系统电能富余的时候，将电能转化为热能储存在储能罐中，当电力系统电能短缺的时候，再将存储的热能转化为电能。另外一种利用形式就是直接将隔热罐中的热能释放出来加以利用，这种形式在技术利用初期并不常见，但在可以综合利用多种能量形式的综合能源系统中，会出现大量不转

化电能直接利用热储能中的热量的场景。热储能的优点是能量储存容量可以扩展到比较大，能够大规模地为可再生能源系统提供电能存储；也可以用于综合能源服务中的对热能和电能进行统一分配和调控。当前热储能的代表形式就是光热发电中的熔融盐储能罐，这种储能形式在一定程度上支持光热发电技术克服了日夜光照强度的差异问题。

北京热力新型熔盐储热工程，是通过熔盐储能方式实现电—热转化的重要工程，也是熔盐储能技术的重要应用。项目于2019年6月投运，包括一套8MW熔盐储能装置，并搭配高/低温熔盐储罐、熔盐加热系统、蒸汽发生系统和智慧控制系统等，其整体结构非常简单，即熔盐储能技术同时接入电网和热力公司网络中，在用电低谷期，加热熔盐罐中的熔盐，将电能以热的形式储存起来，但与传统电力储能有所差异的是，熔盐储能装置不仅可以回馈电能到电网，还可以向热力网络提供热量，通过对热能的直接利用，避免了热能向电能转化过程中的能量损失。北京热力新型熔盐储热工程，不仅可以通过参与削峰填谷提升电网稳定性，还实现了清洁供暖，起到改善环境的作用。另经对比，这样的电–热–储结合的供热措施更加具有经济性，也成为未来电－热－储技术融合应用的重要探索。

⑤ **电磁储能** 利用新型电磁技术进行储能，具有代表性的储能方式主要有超导储能和超级电容储能。电磁储能具有充放电速度快，电能调配和使用灵活，可以在各种环境条件下运行，设备免运维等优点，缺点在于投资成本较高，能量密度相对较低，有自放电损耗现象。电磁储能在实际系统中的应用还不多，目前应用较多的是试验工程以及和其他储能方式搭配使用的情况，电磁储能当前正在向着高效、低成本的方向发展，以期在未来的电力系统中能够大规模应用。目前超级电容储能技术多被用于为电动汽车充电的充电桩中，其储能能力较强，但是大多数存储容量有限，当前还应用在分布式、总体容量不大的工程中。但未来随着电磁储能技术的提升，电磁储能技术必然将作为能实现快速存储和释放电能的高端储能设施，在对充放电速度、质量要求更高的场合实现应用。

因储能技术在新能源消纳和电网稳定性、可靠性方面的诸多优势，世界各国都在推动储能技术的发展。2021年，中国发布《国家发展改革委国家能源局关于加快推动新型储能发展的指导意见》，拉开了中国大规模发展储能的序幕；美国、英国、日本、韩国等国家都早已制定鼓励储能行业快速发展的配套政策，当前储能行业仍处在快速发展的阶段。但是随着储能技术的大规模应用，其存在的问题也日益显露，主要集中在两个方面。

第一是单个储能系统的有效性和经济性难以保证。目前储能系统一般是伴随着发电或者电网等系统共同建设的，作为辅助设施。基于这样的目的，在规划时难免要估算储能系统最大储能容量，并留有一定裕度，这样一方面，如果规划得容量不够，则在一些场景中难以起到稳定电力系统的作用，另一方面，如果规划容量过大，那么又会出现冗余容量较多，整个系统的经济性有所降低。而电力系统的规模和特性又是动态变化的，所以单个储能系统的规划是非常关键的，特别是电力系统越来越大、越来越复杂的情况下，储能系统容量的确定就显得既重要，又复杂。目前储能技术已经进入商用阶段，不像过去示范工程阶段重点关注其功能和运行指标，目前需要考虑的不仅是如何实现其各种功能，还要兼顾经济性。

第二是受地理条件约束较大。电力系统重要设施的建设都具有特殊性，比如发电厂常建在野外人少的地方，地处偏僻、地形复杂；可再生能源常建在风大、光照强烈的地区。一些储能设施对于周围环境的要求较高，为保证经济性又必须要建在发电厂附近，为了达到这一目的，储能站在建设的时候就必须要考虑地理环境的影响，从而可能导致一些储能电站的建设成本和运维成本非常高。储能技术在发展的初期阶段，其整体思路是保证功能性而并不看重经济性，但在当前储能开始实现市场化运营的时候，就不得不将经济性作为重要的因素加以考虑。

上面两个方面的问题已经逐渐成为储能行业发展中遇到的关键问题。怎样摆脱地理条件的限制，建设功能性强、经济性高的储能站，还要适应各种应用场景，并带来可观的经济效益，已经成为储能行业需要解决的重要问题。

在新兴技术快速发展的今天，除了发展设备和技术本身以外，借助新技术，改变原有框架和思路，也将成为解决技术瓶颈的重要方法。在储能领域，将传统储能技术与"互联网+"和"云计算"等相结合，云储能技术就成为上述问题的良好解决方案。

2 云储能技术

本质上储能技术是为了将生产的电能延时使用，但是在解决了时间问题后，空间问题又显现出来。诚然，借助电网强大的电力能源输送能力，可以解决电能空间使用的问题，但是如何将电网和储能这两个功能结合起来，同时解决用电时间和空间上的问题，就成了保障优质电能供应的重要目标。而云储能技术就是可以将两种设施的优点进行集合，解决电能消纳时间和空间问题的关键技术。

云储能技术，就是在储能基础设施有一定建设规模后，借助已有储能设施，建设成具有大容量电能存储能力的储能云平台，用户可以随时、随地按照需求，从云平台里集中式或分布式的储能设施中获得电能或者向其充电，并支付或获得相应的服务费用（见图4-6）。

从云储能技术的定义中可以看出，第一，云储能技术的

第四章
云储能技术

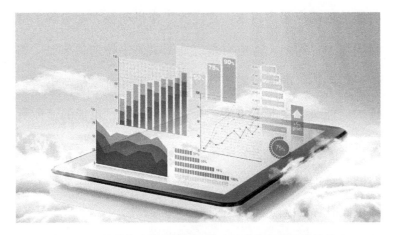

图4-6　云储能技术就是借助云的方法和构架分享储能能力

基础是必须拥有大规模储能设施作为云储能中的"云"而存在；第二，需要一个功能强大的能源计算和控制系统，保证用户从"云"中获取电能，虽然系统不一定是实时响应，但是一定要能够保持一个不超过"云"系统限度的动态平衡；第三，用户所需电能是从规模庞大的"云"中获得，而不一定要通过实时的发电系统或者电网。

实际上在构建云储能平台的时候，并不需要建设集中式的大规模储能系统，而只需要将已建成的储能系统通过已有电网设施打通，用户通过虚拟的电能服务平台，对储能系统进行充电或者从中获取电能。值得注意的是，云储能系统在时间和空间上的两大革新，使得电力系统不需要即时即地地响应用户需求,这样的工作机理极大地缓解了电网的压力。例如,当电力系统处于供需平衡的状态时,如位于电网边缘的用户需要获取电能,那么可以从与电网相连的储能装置中获取电能,而为该用户提供电能的储能装置可能位于用户附近,也可能与用户相距非常远,通过电网的输送能力,瞬间可以将电能送给用户,通过这种方法即可同时解决电能供应的时间和空间问题。

云储能技术实际上是传统储能结合"互联网+"以及"云计算"而产生的新型技术,不仅保障了用户的用电安全性和用电可靠性,还提升了用户体验,真正意义上实现了电力定制化和个性化使用。在电力系统技术发展程度较高,用户不仅追求电力能源"够用",还追求"好用"的今天,云储能技术是电力系统为用户提供优质电能和服务的重要保障。

云储能技术的特点

云储能作为重要的电能分配和使用的设施,具备以下特点。

第一是共享性。云储能的重要特点是其存储空间资源以及储能装置中存储的电能可以为全网用户共享,除了部分专用存储空间外,接入电网的用户可以使用来自所有储能装置的电能。尽管在有些时候为了达到减少线损、提升经济性的目的,系统会尽量配置距离较近的储能装置给用户,但是储能装置并不存在地域性限制,无论储能装置距离用户有多远,都可以通过电网将电能输送到用户。

第二是可延时性。可延时性就是指电网不一定实时响应用户的需求。这种不实时响应包含两个方面:一方面,发电侧不需要响应用户需求,即时发出电能;另一方面,在用户消耗储能装置的电能后,储能装置不需要立刻补充电能。作为电网的一部分，在动态变化的系统中，储能装置既可以用来在电能短缺时补充电能，也可以在负荷减少时储存多余电能，从而协助电网缓解来自发电侧和用电侧的压力。

第三是去中心化（见图4-7）。云储能是由分散在电网各个位置的储能装置构成，各储能装置的重要性都相同，可能根据其电能存储和输出特性，会赋予一些储能装置电能使用的先后顺序，但不存在重要性高低问题，无论从拓扑结构还是区位位置上，不存在中心以及边缘的区分，位于不同区位的用户可以调用任何一个在运行的储能装置，这样的电能使用策略即体现了"去中心化"。

图4-7 云储能构架将实现能源应用的"去中心化"

当前还没有建成完备的云储能系统,基于上述分析,以及在实践中一些类似工程的应用,可以发现云储能系统存在以下优势。

① **规模性** 相对分散式的储能装置,云储能存在规模性的优势。规模性的优势在于,已有设施可以共用,设备之间可以利用不同的特点进行相互补充,从而达到降低成本、提升性能的效果。大规模储能装置的布设,将充分体现规模化效应,提升储能系统调节和能源调配能力。

② **互补性** 这里讲的互补性是指各种储能系统的特点互补。因为在云储能系统中,必然包含多种储能形式,而针对电力用户不同类型的需求,不同形式的储能将提供满足要求的响应。诸如对于重要用户需要即时补充电能,且容量不大的情况,可以采用电磁储能方式进行满足;对于有一定计划性的削峰填谷,可以使用抽水蓄能进方式进行满足;而对于临时需要大容量电能的关键用户,则可以使用电化学储能进行补充。需要注意的是,云储能系统必须能够兼容并包地将各种储能方式连接在系统以内,并且根据需要实时调整电能的输出。

③ **灵活性** 因云储能系统电能存储和输出的快速性,

以及多种储能形式配合的特点，云储能系统完全具备实现灵活控制、快速响应的条件。云储能系统相当于为电力系统设置了随时可以使用的发电装置和储能装置，如果将电网+云储能看作一个黑箱系统，那么相对单独的电网，其响应速度一定是更灵活的，可容纳的用户需求裕度也是更大的。

④ **安全性** 云储能系统能提升电网的安全性。云储能相当于在电网内分散地布设了可以随时开启和关闭的电源和用电器，即使出现电网崩溃等事故，云储能的储能装置仍然可以作为分布式的备用电源为周围的居民供电，避免出现"大停电"等事故。随着新型电力系统规模越来越大，越来越复杂，控制难度越来越高，出现事故带来的损失也越来越大，配置云储能系统的重要性就越来越凸显。

通过理论分析和相当数量的试验也可以发现，云储能系统在具备诸多优势的同时，还存在一些需要解决的问题。

第一是效益问题。是否需要布设云储能系统，要布设怎样的云储能系统，要根据电力系统的特征以及用户数量进行统一规划。如果电网本身具有良好的调节能力，建设云储能系统的必要性就不强，大量储能设施空置，会使云储能系统丧失经济性。因此，在建设云储能系统的时候，一定要考虑系统的效益问题。

第二是安全性问题。安全性问题包括两个方面，即云储能系统储能电站和储能设施自身的安全问题，以及云储能系统在发挥其能源储存和使用过程中的安全稳定性。云储能系统的使命是保障电力系统的安全运行，但是其自身储能电站和储能设施的安全性是前提，在保证自身不出现安全事故的基础上，才能发挥其保障电网安全稳定运行的重要作用；在保证组成云储能系统的储能设施和储能电站安全的基础上，要通过先进控制技术，确保其在系统中能够根据统一调配与系统中的其他储能装置实施有效配合。

2021年4月16日，北京大红门储能电站发生爆炸事故，2021年7月30日，澳大利亚特斯拉工厂储能电站发生火灾，近10年间，全球共发生32起储能电站起火爆炸事故，这些事件也引起了人们对储能电站安全性的关注。上述储能电站因为规模不大，在事故发生之初即与电网断开，所以事故发生对电网稳定运行的影响并不大，但是其本身爆炸或者失火造成的安全问题值得重点关注。通过对这些事故的分析，为保证储能电站的安全性，在储能电池质量、储能系统电气拓扑设计、电池管理系统、现场走线布局、电站防火设计、消防系统、气象环境预警和防御、人员操作等方面还需要持续进行提升。

第三是信息基础设施建设。建设云储能系统，需要构建好信息基础设施。无论是用户侧的需求还是储能侧的响应，都要依靠信息进行传递，可以说信息传递效率的高低，直接影响了储能系统的运行能力，因而用于信息传递的基础建设是非常有必要的（见图4-8）。信息基础设施的建设，也是构建云储能系统需要考虑的重要问题。

图4-8　云储能基础设施建设已经初具规模

在云储能建设完成的基础上，电力系统还可以衍生出新的形态，即发电-云储能-用户的形态。这样的形态在电网中的工作模式可以被描述为：电源生产出电能后，将电能直接送入云储能系统，云储能系统通过需求侧的实时需求，吸收或者再提供部分电能送入用户。这种电能使用方式类似于"蓄电池"，为用户送出的电能不受间歇性能源的影响。这样的新形态，将保证发电的经济性、电网安全性以及用户的高满意度。

电力能源的本质是不变的，必须做到即发即用，云储能系统通过自身可吸收电能可发出电能的特点，把电能这一特性对整个电力系统的影响降到最低。

如果将云储能看作发电设施，那么云储能就相当于把电源侧改造为可以按照需求发出电能的控制器；如果将云储能看作电网侧的设施，云储能就相当于把电网改造成为可以根据发电侧送出需求接收电能和根据用户按需分配电能的控制器；如果将云储能看作用户侧设施，那么云储能就相当于将用户侧改造成了可以根据发电侧送出需求而接收电能的控制器。

在新型电力系统中电能需求量和消耗量越来越大，并且匹配起来越来越难的情况下，云储能技术将会成为维持电力系统稳定运行、保证用户用电安全和用电满意度的重要技术。

在综合能源服务业务的实施过程中，储能技术常常被当作重要的能量调控技术来使用，而云储能技术可以远程调用已经存储的电能，将这种调控技术提升到更高的水平。

综合能源系统的特点是规模不大、比较分散、能源种类较多。如果使用云储能技术，则可以将各个规模不大的综合能源系统实现连接，使不同系统之间的能源得以互联互通，充分利用各种能源的特征，实现能量的稳定、可靠输出。另外，由于综合能源系统给用户提供的能量并不拘泥于电能的形式，因此也可以充分利用各种储能方式的特点直接通过储能系统输出，例如可以利用热储能直接给用户提供热能，省去了能量转化的过程，提升了能源供应的效率。

云储能技术在电网智能化、数字化提升以及综合能源系统效能改善方面，有着非常重要且积极的作用。综合能源系统和综合能源服务作为能源领域的新兴业务，与多种形式能源紧密联系，结构和功能都更加复杂，云储能技术在时间和空间上都可以实现能源的调配，可以有效提升综合能源系统本身的性能和综合能源服务的业务水平。

云储能的远程能源调配能力和就近能源的消纳能力,将在未来新型电力系统和综合能源系统中发挥重要作用,未来云储能技术对于能源互联网将是不可或缺的技术。

第五章

先进测量体系

1 智能电表与先进测量体系
2 先进测量体系的结构和工作过程
3 先进测量体系的功能及存在的问题
4 下一代先进测量体系
5 先进测量体系在综合能源服务中的应用

智能电表与先进测量体系

先进测量体系的前身是电能表，其作用是计量用户在一段时间内所使用的电量，协助电力公司对用户进行收费。早期使用的电能表只具有计量功能，需要抄表员上门抄读用电数据。2009年，英国率先研制出具有通信功能的智能电表，可以将用户计量数据上传到数据中心的电表，用以实现用户用电数据的自动读取。

当时还是机械电表和电子电表的时代，大部分欠发达国家还在使用机械电表计量用户用电量（见图5-1），而发达国家则早已更换为电子电表。这两种表型的不同之处在于，原理上有了突破，电子表使用电子器件代替机械部件进行计量，使电能测量更加准确，误差更小，用电安全性更高。而相同之处在于，它们都需要抄表员上门抄表才能获取用电量。这种"先用电，后付费"的模式，因为一些用电黑

图5-1 机械电能表的时代，电能表只能用于计量

户的存在，给电力公司带来了不小的损失。

2009年是次贷危机后全球经济开启复苏的第一年，而对于电力行业是载入史册的一年。2009年，美国、中国相继提出了构建"智能电网"的战略，尽管两国对于智能电网的理解略有不同，但是这标志着世界两大经济体开始通过电网改造拉开工业升级、经济复苏和民生改善的序幕（见图5-2）。

智能电网拥有诸多传统电网不具备的功能，其中最能体现其"智能"的方面就是电网与用户的交互和互动。而电网与用户的联系就离不开电表。传统的机械电表和电子电表,其使命仅仅是记录用户的用电量,这显然难以满足电网智能化的要求。因而,美国、中国、英国等国家纷纷开始想办法对电表这一联结电网和用户的门户进行改造。第一次智能电表更换热潮也就由此而起。

图5-2 2009年开始席卷全球的智能电网,
为全球经济变革拉开了序幕

在英国最初设计的智能电表中,相比机械电表和电子电表,最重要的一项功能就是可以通过信息通信技术将用户用电量传到数据中心,2009年,世界上第一批具有通信功能的智能电表在英国完成安装,拉开了电表智能化的序幕。在同一年,美国和中国也启动了智能电表的更换,虽然每个国家对于智能电表都有自己的定义和标准，但是基本功能都是一致的，即智能电表可以记录用户的用电量，并通过通信功能传输给数据中心，数据中心经过监控、分析等一系列过程，在自动或者人为的干预下，也可以向电表发出命令，进行远程控制。

智能电表的更换，不仅仅是节省了抄表员抄表这么简单，更重要的是，它把用户计量这个业务由单一的模块升级为一个系统。在智能电表的体系中，不仅存在测量用户数据的电表，还存在着数据管理系统，数据管理系统不仅能够分析和处理来自智能电表的用户数据，还实现了用户和电网的交互。而后随着对电网智能化和数字化要求越来越高，对数据传输、状态检测、信息交互、计费等要求越来越高，智能电表和数据处理系统的功能也逐渐趋于完善，共同实现电网与用户交互的目标。而由智能电表、数据处理系统组成的完整系统，被称为先进测量体系（Advanced Metering Infrastructure, AMI，见图5-3）。

中国自2009年开始更换智能电表，并开始部署先进测量体系，中国有16亿人口，对数量如此庞大的用户用电信息进行搜集，既是对先进测量体系可靠性的巨大考验，也

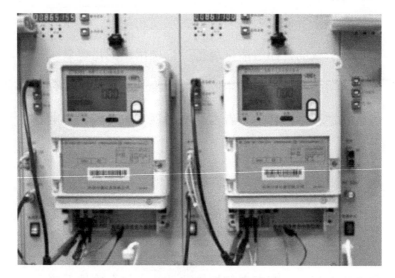

图5-3 以智能电表为代表的先进测量体系
开启了智能计量的新时代

是对其功能的充分认证。近十年来,先进测量体系在中国电网乃至计量系统的发展中发挥着重要的引领作用,当前中国正在实施的"多表合一"技术,就是希望使用智能电表的模式,将水表、天然气表引入先进测量体系中来。

美国的智能电表和先进测量体系的部署也开始于2009年,但是由于美国国家电力领域的格局与中国不同,所以很难像中国一样实现集中式、大规模的智能电表部署。美国智能电表的部署方式是以州为单位,缺乏国家层面的统一管理和指挥;另外,一些州因用户隐私问题导致部署延后，因此美国的智能电表和先进测量体系部署速度相对较慢。但到目前为止，美国也已基本实现全国范围的智能电表和先进测量体系的部署，通过先进测量体系的交互功能，基本实现了配电网智能化和数字化。

在欧洲，英国、德国、法国等国家也率先实现了智能电表和先进测量体系的应用。与中国和美国不同的是，这些国家国土和人口都相对不多，这对于快速部署并实施先进测量体系都是非常有利的条件。2011年左右，英国、德国、法国等已经具备相对完善的先进测量体系，验证了先进测量体系在可靠性、减线损、用户交互、与其他能源消费形式（如电动汽车）互动等方面的优势，以及其在电网智能化升级中的重要作用。目前欧洲在成功使用先进测量体系实现电能交互的同时，已经开始使用先进测量体系对水、天然气等生活必需资源的计量，未来也将实现供给侧和需求侧的互动。

2011年，澳大利亚在其国内第一代智能电表寿命即将到期的时候，开始部署智能电表和先进测量体系，并于2013年完成部署并投入运行。日本于2011年开始在全国推行智能电表的更换和先进测量体系的部署，2016年已达到

80%以上的智能电表覆盖率，目前还在继续推行。韩国自2010年开始大规模推动智能电表更换和先进测量体系部署，目前已经基本实现全国覆盖。

另外，诸如印度、沙特阿拉伯（见图5-4）、南非以及拉丁美洲部分较有影响力的国家，也已经于2018年左右启动智能电表和先进测量体系部署计划，预计在2022年将会基本实现全国覆盖。

图5-4 沙特阿拉伯已经于2021年实现全境的智能电表覆盖

在全世界范围内，电能测量系统的智能化早已成为趋势，世界各国也正在追随这个趋势。而在当前各行各业对智能化需求日益紧迫、电网智能化、电网向能源互联网转化以及将多种能源整合为综合能源系统的背景下，兼顾多种能源的先进测量体系将会发挥更大的作用。

先进测量体系的结构和工作过程

先进测量体系包括数据处理系统（MDM）和智能电表系统。智能电表系统一般包括智能电表和头端系统（Head End System, HES）。智能电表通过不同的通信方式与头端相连接，使用载波方式的智能电表，通过集中器（Data Collection Unit, DCU）与头端系统相连，使用公网方式的直接与头端系统相连。

在不同的国家和地区，先进测量体系的结构有所不同，但是基本框架是一致的。有的国家和地区为了数据呈现的方便或者与已有的用户管理系统相匹配，会增加其他的附加系统，但是先进测量体系的主要功能还是通过智能测量模块和数据管理系统实现的。

智能电表（见图5-5）是先进测量体系进行用户用电行

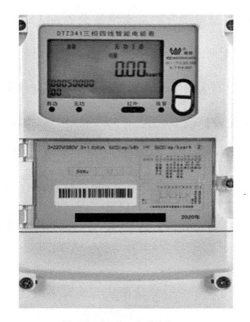

图5-5 智能电表基本外形

为监控和与用户进行互动的终端。通过智能电表,先进测量体系中可以感知用户的用电行为,并且可以通过向智能电表发送指令,控制和调节用户的用电行为。

一般智能电表包括3部分:测量模块、通信模块和执行模块。

① **测量模块** 主要功能是准确测量用户的用电行为,当前根据用户类型不同以及智能电表所能承受的最高电压、电流不同,可以将智能电表分为直通表、CT表和CTVT表。

直通表一般按照可承受的最大电流分为60A、100A、160A和200A等；对于一些大用户，其用电电流已经超过了智能电表所能承受的电流范围，会在用户与智能电表间增加CT，用于将大电流转换成小电流；CTVT表是对类似医院、学校、工厂等大用户，电压、电流均已超出智能电表的测量范围，在智能电表与用户间增加CT和VT，以降低到智能电表可承受的电压、电流范围，智能电表可通过测量变化后的量获知用户信息。

② **通信模块** 智能测量模块与头端系统通信的重要媒介。通信模块的工作原理是，通过特定的通信信号将用电信息打包传送给头端系统，并能通过特定信号收到头端系统发来的操作指令。根据不同的通信方式，通信模块又可以分为PLC模块、RF模块、4G模块、NBIOT模块、Prime模块以及各种通信方式混合的双模模块、三模模块等。

③ **执行模块** 头端系统将命令发回智能电表后，智能电表进行操作的部分。当前智能电表的执行模块主要有控制电表开断的内置继电器，未来还会根据先进测量体系与用户互动的需求，在执行模块增加更多的功能。

另外，对于使用载波通信的电表（PLC、RF等），在电表与头端系统之间还需要配置集中器（DCU）。配置集中器的原因在于，载波通信的方式可输送的数据量不大，但是安全性比公网高，在具备使用载波的环境中，将集中在一定区域的电表数据输送到集中器，再将集中器中的数据通过公网送到头端系统。

通过上述结构，先进测量体系可以实现如下工作过程：智能电表测量用户的用电行为后，将信息上传至头端系统，头端系统将数据进行整合、检查后，提交数据管理系统。数据管理系统和头端系统能够通过监测分析用户的用电行为，与用户进行互动。目前最常见的互动包括：发现用户已欠费则控制智能电表切断用户供电，发现用户有窃电行为则发出警告，发现用户线路存在故障则及时通知进行检修等。

当前已经部署了先进测量体系的大部分国家，都已经通过上述简单的结构和功能实现了供给侧和用户侧的互动。先进测量体系最初是在用电领域开始实施，经过了数十年的实践后，人们已经认识到先进测量体系的实用性和便利性。目前在用水测量、用气测量等领域也开始使用先进测量体系，甚至在一些国家正在构建电、水、气"三表合一"的先进测量体系，可以说未来智能测量体系在电力领域不停更新迭代的同时，也将在其他领域发挥重要作用。

3 先进测量体系的功能及存在的问题

相比传统的电能计量表,基于智能电表的先进测量体系具有较为明显的优势,这也是它在世界范围内被广泛应用的原因。根据当前的先进测量体系的实践情况来看,先进测量体系的主要优势在于以下几个方面。

① **基于智能电表的先进测量体系** 实现了远程抄读,自动抄读。对用户电费的计量,不再需要读表员每个月奔赴现场进行抄读,这不仅仅节约了电力公司的人力成本,更重要的是,对一些处在危险边远地区的用户,读表员不用再每月进行抄读,这样减少了读表过程中的风险(见图5-6);另外,通过机器读识代替人工读识,也大大增加了读数的准确度,有效避免了人工读数会出现的错误。实践证明,在中国、美国、日本、韩国等国家运用智能电表的过

程中，先进测量体系的应用确实极大地降低了该类安全事件的发生，并且有效提升了电量数据读取的准确度，单从为各国电力公司降低安全维护成本和降低更改错误读数所消耗的成本这两项成本计算，就是一个非常可观的数字了。

图5-6　先进测量体系采用远程抄读的方法
解决了边远地区用户计费问题

② **使用预付费的方法，彻底解决了拖欠电费的问题**　不论在哪个国家，用户拖欠电费一直都是让电力公司感到头疼的问题。一方面电力公司作为公共事业单位，不能以盈利作为唯一目标，在先用电后付费的年代，无论用户有无支付电费的能力，都必须为他们提供至少一个计费周期的电力供应，如果未来用户拖欠电费或者干脆不交电费，那

么这部分损失都将由电力公司来承担；另一方面，电力公司往往又是企业，虽然肩负着国计民生的重任，但是盈利依然是一个企业必须要重视的目标。所以在先用电后付费的时代，电力公司会因为用户拖欠电费或者不交电费无端遭受损失。而基于智能电表的先进测量体系，使用先付费后用电的方式彻底解决了上述问题。但是在该体系下的电能计量方式也不是一成不变的，而是非常灵活的，先进测量体系拥有强大、灵活的用户对接系统，仍然可以设定一些用户先用电后缴费。例如新型冠状肺炎肆虐期间，中国国家电网公司就允许其经营范围内的用户可以先用电后付费，并且保证即使欠费也不停电，为举国抗疫行动提供了可靠的保障。

③ **可以提供更多种类、更精确的用户信息数据并进行储存** 上一代机械电表和电子电表只能单一地测量用户的用电总量，测得的数据是一个标量总和，无法区分不同种类的电量。而现代电力系统中用户用电类型多样，甚至不少用户还会架设光伏电池进行分布式发电，不单自己使用，还向电网回馈电能。在这种情况下，传统的电表难以实现

双向电能测量。而由于削峰填谷的需要，为了让用户错峰用电，电网公司往往使用设置高峰电价和低谷电价，不同时段电价是不同的，而传统的电表难以配合电网公司实现错峰收费。另外，传统电表仅具有读数记录作用，不能进行存储，无法实现用户长期用电信息的智能化分析。而智能电表不仅可以测量不同方向的不同类型电量，还可以分时分段计量电费；另外，对于已经完成测量的数据可以根据需要进行存储，为未来用电特征分析做好准备。

当前大数据技术快速发展，大量的用电数据具有极其重要的价值（见图5-7）。诸如德国、荷兰等分布式能源使用

图5-7　先进测量体系将挖掘数据更多的价值

较为广泛的国家,其先进测量体系已经能够将用户的用电与发电、传统能源与可再生能源发电、有功功率和无功功率等进行区分测量,并且根据国家政策和电力公司的需要对计费、电能统计等功能进行调整。另外,面对全世界电动汽车的快速发展,先进测量体系也逐渐增加了汽车充电站充换电功能电量的测量等新功能,体现了极高的可移植性。目前中国已经开始鼓励用户自行布设电动汽车充电桩,而当前的充电桩电能出力测量,仍然还是使用独立的电表进行测量,而日本、英国、荷兰等分布式能源发展水平较高的国家已经开始试验将电动汽车充电桩电力测量与用户电能测量相结合的技术。

④ **可以实现在线监测、远程控制** 在线监测、远程控制一直都是工业自动化和智能化的重要目标。先进测量体系的重要任务就是实现这一功能。通过智能电表、头端系统和通信系统的配合,先进测量体系可以实现定时读取,不同国家电力公司所设置的时限有所不同,大都在15~60min。通过定时读取功能,先进测量体系可以实现远程监控,分析每个时段送上来的数据特征,从而判断用户用电

状态。通过这种形式的远程监控，先进测量体系可以实现对用户的窃电管理、电能质量管理、负荷预测、用电事故管理等，使用户的用电行为在控。另一方面，先进测量体系还可以对用户用电行为进行远程控制，诸如用电开关开断、远程升级、远程反馈需求响应、远程实现双向测量等功能，确保用户的用电行为可控。从中国及欧美国家的实践来看，先进测量体系的在线检测和远程控制功能，可以精准控制用户用电行为，极大降低了窃电率，完善了高质量的用电体系，极大地提升了用电体验。

⑤ **可以实现电网与用户的双向互动** 双向互动是先进测量体系相比传统电表测量方法的重要特征（见图5-8）。传统的电表测量方法仅能实现用电数据测量，而先进测量体系则可以在双向测量的基础上实现电网与用户的互动。这里所说的双向测量包括两个方面：一方面是用户的用电和发电电量的测量，随着分布式能源的发展，越来越多的用户开始使用分布式光伏或风电进行自行发电，不仅可以作为自用电能，富余电能还可以反馈电网，而传统的基于电表测量的系统，则无法测量用户反馈电网的富余电能；

图5-8 先进测量体系独有的电网用户双向互动将极大提升服务效率和质量

另一方面,实际上需求也是一种资源,测量系统在测量用户实际用电的同时,也应该关注用户的需求,即未来可能产生的用电量,这样的预测需要基于用户过去大量的用电数据和用电习惯并结合外部环境和政策等总体进行分析。这样的互动需要涉及大数据技术,人工智能技术等,在人工智能、大数据、云计算等技术迅猛发展的当下,美国、德国、日本等国家已经开始着手基于智能电表负荷预测的研究,而中国也已经开始启动下一代智能电表的研发和部署。相信在不久的将来,通过先进测量体系,电网和用户的互动将更加频繁和高效。

尽管先进测量体系对电网智能化和未来综合能源服务的发展具有极其重要的意义，但是当前先进测量体系仍存在如下3个方面的问题。

第一是信息安全性问题。先进测量体系获取了包括用户用电行为在内的诸多信息，通过载波或者公网进行传输，尽管当前使用的通信信道尚且能够保证安全性，但是已经逐渐暴露出隐患。如果载波网络或者公网网络的信息安全性能比较差的话，就会导致用户信息泄露。随着大数据技术的发展，数据将具有非常重要的价值，如果遭到泄露，不仅会给电网公司带来损失，还将导致用户隐私外泄，影响用户的正常生活。当前随着海量数据传入先进测量体系，各国电力公司都已经意识到信息安全的重要性。当前防范信息安全事故的发生的方法主要包括网络加密、使用单独信道等方式，这些方法尽管提升了信息安全水平，但是从原理上仍然不是完全难以攻破的。目前美国、英国、中国等国家非常重视信息安全，并且已经开始探索确保先进测量体系信息安全的新途径。

第二是成本问题。从上述描述可知，先进测量体系具有非常多样的功能，这需要复杂的系统支撑，那么相应的建设成本也将会增加。未来先进测量体系将会搭载水表、气表等终端设备，在这种体系框架下，尽管它们服务于水务公司、天然气公司，但是成本均由电网公司来承担。如何在能够支撑未来诸多业务的前提下降低成本，将成为电网公司面临的一个难题。目前全球范围内比较流行的降低成本的方法，就是将先进测量体系做成功能模块化系统，即可以通过嵌入功能模块的方法增加新功能。这样一方面适应了当前先进测量体系以电能测量为主的特点，另一方面又能够在未来需要增加其他测量的时候方便嵌入。这种留有接口、可嵌入新功能的先进测量体系，目前已经在全球范围内获得了很广泛的应用。

第三是规范标准问题。当前全世界应用的先进测量体系有诸多不同的标准，从不同的方面看，这不一定是个坏现象。因为不同的标准是根据不同国家的实际情况来制定的，无所谓好坏。但是标准过多将导致不同国家不同区域的配电系统难以兼容，从而在新兴国家建设先进测量体系的时候，难以借鉴别国的先进经验。而目前因为各国的具体情况不同，也难以制定先进测量体系的统一标准。对于这个问题当前的解决方案就是更多地借鉴已有的标准，如使用国际电工委员会（IEC）标准。实际上这种方法也是工业领域常用的方法，即在规则和规范难以统一的时候，试着采用已有的成熟规范来进行工程建设。

第五章 先进测量体系

下一代先进测量体系

当前先进测量体系尽管已经可以满足用户用电和电网与用户互动的需要，但是随着大数据、物联网、移动通信、人工智能、云计算等技术的发展，无论是从电力系统层面，还是用户层面，对先进测量体系都会提出更高的要求。各国电力公司、通信公司甚至是数据处理公司都在积极谋划下一代先进测量体系。

根据当前供给侧和用户侧需求以及技术发展水平，对于下一代先进测量体系的要求，主要包括以下几个方面。

① **智能终端方面** 在用户侧，将提供更多的选择（见图5-9）。智能终端革新最重要的目的是，能够保证在电网公司可控的前提下，用户对用电行为进行自行选择，相比过去被电网公司强制安排，更加灵活和智能。智能终端将配备类似智能手机操作系统一样的系统，用户可以在允许

129

图5-9　下一代先进测量体系将依靠终端融入智慧家居

条件下针对已开放权限的功能进行操作，例如根据分时电价调整用电计划，根据过去的用电报告调整用电行为等，实现灵活、可控、高效、经济的用电模式。中国和美国已经开始进行新一代智能终端的探索，目前仅有部分试点工程和小批量产品投入应用，正待市场反馈并进行功能和质量的提升。可以预见，在供给侧和需求侧互动要求越来越强烈的未来，能够发挥用户主观能动性的新一代先进测量体系将发挥重要作用。

② **数据管理系统方面**　主要将会有两方面的革新：第一是头端系统、数据管理系统与用户的互动将更为紧密，未来用户的用电行为将不仅仅依赖于电网公司的供电计划，还将根据用户的自行选择实现双向互动，真正将供电服务

变为"定制服务";第二是数据管理系统中将会增加更多的数据管理和处理模块和流程,在大数据时代,数据是无价的,而通过智能终端获取的海量数据正是可以用作分析的数据。通过这些数据,电网公司可以得到用户用电习惯并进行未来负荷预测,以及在未来提升服务质量中所需要的诸多功能和实现路径都可以在这些数据中获取。美国、中国等国家已经着手在数据管理系统中使用大数据技术将数据的价值体现出来。

③ **通信技术方面** 先进测量体系也在寻找更安全、可传输数据量更大的通信技术。实际上目前先进测量体系搭载公网是效率最高的方式,未来先进测量体系的升级还需要依赖于公网网络的技术升级和更新。目前5G技术、物联网技术正在迅速发展,世界各国的运营商已经纷纷开始将这些技术运用在了移动通信上。先进测量体系使用5G、IOT通信模式进行通信,从而提升数据传输水平,加强用户信息及隐私的保护并提升服务质量。

5 先进测量体系在综合能源服务中的应用

先进测量体系是综合能源系统的重要组成部分，在综合能源服务中将发挥重要作用。在综合能源系统中，因为存在多种不同的能源形式，而且综合能源系统对于能源配合供应的经济性要求极高，所以能够综合测量多种能源并进行经济性分析的系统在综合能源系统中就显得非常重要。在北京大兴机场综合能源示范区中，多种能源形式共同实现机场的能源清洁、安全供应，在这个系统中，先进测量体系就发挥了巨大的作用。总的来说，结合综合能源系统的特征和能源供应目标，先进测量体系在综合能源系统中主要可以发挥如下作用。

① **实现多种不同形式能源的测量** 综合能源系统中包含风、光、热、气等多种能源形式，而先进测量体系尽管

目前仍更多地用在电能测量上,但因其具有功能可移植性,所以增加功能模块后,就可以实现对其他形式能源的测量。目前中国正在兴建的大部分综合能源系统,以及德国、荷兰等已经建成的多能互补系统,其供应能量的测量均由先进测量体系完成,先进测量体系目前也是整合多种能源形式最有效的测量系统。

② **实现能源供应与需求侧的互动** 先进测量体系不仅是测量系统,还是控制系统,也是一套具有反馈能力的系统,在综合能源系统中,能源供应和能源使用必须是一个互相反馈的过程,才能实现相互优化和做到供能最优。先进测量体系可以通过测量各种能源形式的出力情况,并进行分析、调整,最终做到合理最优分配。中国建设的上海电力大学综合能源系统就包括了这种供需调节过程,而这一过程的实现是依靠了先进测量体系的强大功能。

③ **能够实现状态分析并能够做出优化处理** 在综合能源系统中,能源供应多样,用户结构复杂,不仅要做到能源供应的准确测量,还应该具有在线监测及分析功能,才可以使系统持续保持在安全、稳定和最优状态,如图5-10

所示。综合能源系统重要的指标就是安全性、稳定性、可靠性和经济性。先进测量体系分析并主动做出优化处理的功能,也是下一代先进测量体系要重点达成的目标。当前智能技术的发展推动无论强电系统还是弱电系统都在向智能化路径发展。

图5-10 先进测量体系使综合能源园区可以获取丰富的信息以提升服务质量

结合当前用户对能源供应要求的不断提高、智能化技术的不断发展以及未来综合能源服务的发展需求,先进测量体系在综合能源系统中将扮演无法取代的角色。当前中国以及其他国家已经开始发展下一代先进测量体系,这种可以兼容多系统又具备个性化定制功能的先进测量体系将会使电力交易不再像过去一样单向和单一。综合能源系统的诸多优势将需要通过先进测量体系才能完全展现出来。

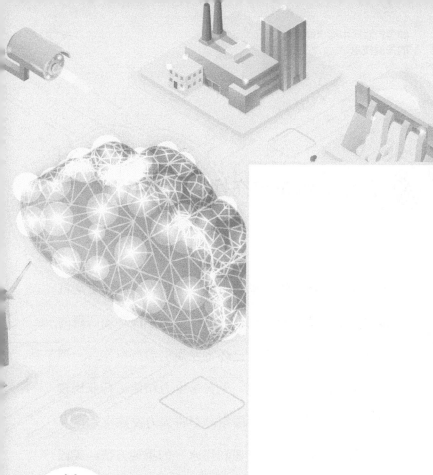

第六章

车网融合技术

1 电动汽车与充换电技术
2 车网融合技术
3 车网融合的特征与应用
4 车网融合技术存在的问题

电动汽车与充换电技术

电动汽车不像传统汽车使用油、气作为燃料，电动汽车不排放温室气体和有害气体，已经成为解决环境问题的重要设施。目前很多国家也已经将发展电动汽车作为一项重要的国家战略来推行实施。尤其是电力和能源行业比较发达的中国、美国、日本等国家，都将大力发展电动汽车作为提升国家环境保护和资源利用水平的重要方法。美国自2007年就开始以补贴的形式鼓励电动汽车发展；中国于2020年10月印发了《关于新能源汽车2021～2035年的发展规划》；日本自2021年2月份起要求政府机构不再采购燃油汽车而必须采购电动汽车；欧洲主要国家通过补贴和税收减免等政策鼓励电动汽车的发展；其他如中东国家、韩国等也都相继出台了鼓励电动汽车发展的政策。可以预见，电动汽车将成为未来的主流交通工具（见图6-1）。

第六章 车网融合技术

图6-1 电动汽车将成为未来主流的交通工具

电动汽车主要分为纯电动汽车、混合动力汽车、燃料电池汽车三大类。纯电动汽车是利用电力进行驱动，具有很强的环境友好性，但纯电动汽车仍然存在技术性问题和经济性问题，短期内依赖国家政策可以快速发展，长期看还需依赖其生产成本的降低和充电设施水平的提升；混合动力汽车是指既可以使用传统燃料进行驱动，又可以使用电能驱动的汽车，这种汽车的好处在于，既能够有效提升汽车的环保性，又可以摆脱对于充电基础设施的依赖；燃料电池主要通过氢气、甲醇燃料进行化学反应产生电能驱动汽车的，值得注意的是，燃料电池汽车是通过化学燃料与氧气进行化学反应而非燃烧产生电能，燃料电池能量利用效率高，不产生任何有害气体，因此，燃料电池汽车是比较理想的电动汽车类型，目前电动汽车巨头在研发电动汽车的同时，也在尝试研发高效的燃料电池电动汽车。

电动汽车充电桩相当于传统汽车的加油站，用于给电动汽车充电。而电动汽车充电桩可以分为交流充电桩和直流充电桩两种类型。交流充电桩一般使用小电流对电动汽车进行充电，所以充电速度较慢，但是相对直流充电桩来说造价成本较低，对于小区停车场、公共区域停车场等不着急立刻完成充电用车的地方，主要布设交流充电桩；而对于充电需求比较急迫，需要即充即走的情况，主要应布设直流充电桩，例如汽车充电站等地方。目前为了配合电动汽车的发展，各国已经达成"基础设施先行"的共识，因此近些年在世界范围内进行了大批量电动汽车充电桩的建设，除了电力公司外，很多诸如石油公司、天然气公司等能源公司都开始纷纷抢占充电桩市场，在当前强调低碳环保的经济发展背景下，电动汽车及其充电桩将成为快速发展的关键领域（见图6-2）。

相对传统汽车而言，电动汽车存在着生产工艺尚不成熟、基础设施有待加强等问题，但世界各国仍加大投入促

图6-2 电动汽车充电桩已经逐渐成为
人们生活离不开的重要设施

进其发展,主要原因在于,电动汽车具有以下优势。

第一是环保性。除了混合动力车外,其他类型的电动汽车不燃烧化石能源,不产生有害气体,即使是混合动力车,其化石能源燃烧量也大幅下降,对于减少碳排放和有害气体的排放有极其重要的作用和意义。

第二是能源利用效率高。与传统汽车对石油的利用效率相比,电动汽车对于电能的利用效率更高:不仅在制动和停车过程中不会消耗额外电能,而且电动汽车的发动机还可以在制动的时候变成发电机,一方面提高刹车效率,另一方面进行能量储存。另外,对于传统的燃油汽车,在城市中频繁的制动和启动会增加其油耗水平,而电动汽车在制动和再启动的过程中不会消耗更多的电能,更加适合在城市里行驶。

第三是电动汽车结构简单。这一特点一方面使得电动汽车的维修更加高效,另外,从能耗方面,也节省了一些会消耗能量的内部环节。任何系统,结构越简单能量消耗就会越少,能量利用率就越高。因而简单的结构使电动汽车减少了能量的内部消耗。

第四是可以参与电网调节。电动汽车可以直接通过充电桩连接电网(见图6-3),如果控制得当,可以满足电网调节的需求。在当前电网结构日益复杂、用户形式多样的情况下,如果电动汽车能够参与调节,将会极大缓解电网的控制压力。

就目前电动汽车的发展来看,还有很多问题需要解决。而专门就电动汽车与电网的互动方面,还存在以下问题,使电动汽车与电网之间难以充分协调互补。

第一是电动汽车充放电对于电网安全的影响。当前人们对于电动汽车充电的要求越来越高,希望能像在加油站加油一样快速,但因电具有磁效应,为实现这种充电效率,

图6-3 电动汽车可以通过充放电直接参与电网调节

电网就必须承受来自于能量突变的冲击电流。在电动汽车充放电规模还不大的时候,来自电动汽车的冲击对于电网的影响还不很明显,但是在当前电动汽车快速发展的背景下,越来越多的电动汽车接入电网,电网的频率稳定性、电压稳定性等已经开始受到电动汽车充放电的影响,如果没有合适的解决方案,大规模电动汽车充电未来将会成为电网安全稳定运行的隐患。

第二是电动汽车充放电对于电网电能质量的影响。因为电动汽车的充放电,本质上是电力电子设备的电能交流,在此过程中会产生谐波、频率扰动等,导致电能质量下降。因此,电网不得不配备专门针对电动汽车的谐波控制装置,以保证电能质量水平。

事实上，除了是一种交通工具，对于电网来说，电动汽车还可以当作一种电源和负荷。如果能够加以合理利用，在用电高峰期，电动汽车可以回馈电能给电网实现削峰作用，在用电低谷期，电动汽车可以从电网中获取电能，实现填谷作用，这样，电动汽车就可以作为"行走的电网调节器"。如果能够实现电动汽车与电网充分互动，尽可能地将电动汽车转化为稳定的电源和承接性强的负荷，实现其对电网的调节作用，那么相当于将电动汽车的弊端转化成了优势。随着电网智能化水平的逐步提升，电动汽车也在完善其充放电可控性，在这样的背景下，如果将电动汽车与电网融合，不再把电动汽车简单地看作离线设备，而是看作电网的一部分，通过智能控制方式进行协同配合，电网保障电动汽车高效用电，电动汽车协助电网实现用电调节，实现电动汽车与电网的充分互动，高效配合，这种技术称为车网融合技术。

2 车网融合技术

车网融合技术，实际上是将电动汽车看作电网的一部分，电动汽车根据电网的需求调整充放电的电量和时间，在行驶的时候，也与电网进行通信互联，按照电网的需求就近向电网回馈富余电能，成为电网的"充电宝"，参与到电网"削峰填谷"以及频率、电压调节等过程中。

车网融合技术的本质是将电动汽车看作一种"云储能"，在电能富余的时候将电能存储在电动汽车中，在电能短缺时，再从电动汽车获取电能。电动汽车通过通信技术，将剩余电量状态、位置状态等与电网进行充分交流，电网根据其需求，协调电动汽车就近与电网互联，实现车网互动。

在这一过程中可以看出，电动汽车与电网应该至少实现三个方面的配合才能实现这一过程，第一是能量交换，即电能交换，电动汽车与电网要能够互相回馈电能。第二是信息交换，电动汽车需要将自身的电量信息、位置信息等传递给电网，电网需要将需求信息和执行指令传递给电动汽车，信息交换是这一过程中极其关键和重要的环节，也是车网能够融合互动的基础。第三是控制环节，即电网和电动汽车需要通过有效手段，一方面是要有一定的强制以及激励措施，使电网需要与电动汽车互动，能够控制电动汽车及时与电网进行物理互联；另一方面是电动汽车在电网与电动汽车实现物理互联后，能够实现对其充放电过程的控制，从而起到对电网的各种调节作用。实际上车网互动已经是智能电网中比较高级的应用，未来各种先进技术也将融合进来以实现电动汽车与电网的融合与互动（见图6-4）。

图6-4　电网将通过车网融合技术与电动汽车实现充分互动

车网融合的特征与应用

电动汽车与互联网的融合主要有三个应用场景,第一个是电动汽车与大电网的融合,第二是电动汽车与配网的融合,第三是电动汽车与微网的融合。这三种应用场景,从大到小,电动汽车在其中依次发挥着不同的效力和作用。

电动汽车与大电网的融合,主要是指电动汽车通过自身的充放电功率变化,实现对大电网的频率、功率和电压幅值等的调节。电动汽车与大电网的互动最重要的特征在于,调节的主动方在于电动汽车。电动汽车通过其自身的测量能力,感知大电网的频率、电压等的变化,以及通过与电网的通信,获取当前电网状态,即是处于用电高峰期还是用电低谷期,是需要电动汽车向电网回馈电能,还是电网向电动汽车充入电能。通过整合这些信息,结合自身行驶状况、电量剩余量以及目标里程数等,完成缜密分析后，电动汽车将启动下一步动作，实现对电网的调节。在电动汽车大规模接入电网的情况下，因为其分散性、不确定性等因素，要实现电网调控中心对电动汽车的统一调节，难度是非常大的，所以，在目前情况下，最适用的策略就是以电动汽车为互动的主动方，电网主要向电动汽车传递电网状态和需求（见图6-5）。

图6-5　城市智能交通系统是实现电动汽车与电网互联的重要途径

电动汽车与配电网和微电网等的互动可以在双方互相协调的情况下进行。因为配电网中电动汽车的接入规模相对较小，与大电网相比，配电网和微电网在调控上将会发挥更大的作用（见图6-6）。电动汽车和配电网及微电网的调控场景可以描述如下：当电动汽车不需要充电，且仅通过

图6-6 城市配电网和微网,将成为未来车网互动的主体

通信设备与电网进行信息互联时,当电网处于不稳定状态(如频率变化、电压变化、用电高峰或用电低谷)时,电网将会根据电动汽车的位置和其电量情况,请求电动汽车与电网接入点就近互联,并根据电网需求与电网进行能量交换。电动汽车根据自身情况和车主意愿,决定是否就近进行充放电,并将其决策信息反馈电网。如果电动汽车响应电网需求,那么就可以就近进行充放电(实际是辅助进行电网状态调节),如果电动汽车拒绝电网的需求,电网将向其他电动汽车发出请求。当电动汽车需要充电,并与电网通过充电设备连通后,通过自身测量装置,感知电网的频率、电压等状态,并且通过简单分析,向电网提出充电需求,电网根据双方状态以及其他电动汽车在此时的充放电情况，给予电动汽车需求响应，明确其可充电电量，并允许其从电网中获得相应的电能。因为配电网和微电网相对较小，所以在配电网和微电网控制范围内，对电动汽车进行统一的调控相对不难。当前车网互联的示范工程多应用于电动汽车与微电网的互联与互动，主要以证明技术可行性和探索技术的可提升空间为主。另外，因为配电网和微电网常搭配分布式可再生能源发电，电动汽车还可以起到消纳可再生能源电能的作用。

不论是电动汽车与大电网的融合，还是与配电网和微电网的融合，本质上都是不止把电动汽车当成用电设备，还把电动汽车当成电网的调节器。而电动汽车如果拥有了调节电网的使命，那么对其储能和控制系统也就有了新的要求。储能系统要留有一定的容量以接收来自电网富余的电能，而储能系统中存储的电能，一方面要能够满足电动汽车的行驶需求，还要能够回馈电网以进行紧急调节，这对电动汽车控制水平就提出了更高的要求。

因此，为了实现对电动汽车的有效控制，从电网层面对电动汽车进行控制是十分必要也是十分有效的。电网对电动汽车的控制主要有集中式控制、分布式控制和分层控制三类。

集中式控制主要是利用控制中心，对一个区域内的电动汽车充放电计划、与电网协调的方式等进行部署和监控。集中式控制的控制思路和方法明晰，控制形式高效，但是其控制规模有限，在对大规模的电动汽车进行控制时，控制效率并不高，所以集中式控制主要还是应用在配电网和微电网等较小规模的电网与电动汽车的互动中。

分布式控制不需要控制中心，电动汽车的充放电根据其对电能的需求和电网的情况就地实施。分布式控制不需要数据中心的大规模计算，而是将计算任务分散在每个电动汽车上，实际上是合理利用了计算容量，节约了通信成本。在电网的调控能力还不能实现很大规模的调控时，分布式控制在形式上更加适合大电网与电动汽车互动的情况，而对于一些通信信号较差，或者通信成本较高的地方，分布式控制也可以解决电动汽车与电网互联的问题。

分层控制是针对大规模电动汽车与电网互动融合的新思路。分层控制是将大规模的电动汽车分成不同的群，各个群体内配置电动汽车控制策略和措施，而上一层只关注对各个群体的控制。这样就实现了对整个群体以及群体内电动汽车的控制，对于大规模电动汽车与电网互动融合的情况，相对分布式控制方式，分层式控制优化了控制结构和逻辑，降低了控制和优化难度，是一种效率很高的方式（见图6-7）。

图6-7　分层控制在大系统的调控中效果非常明显

虽然配电网数字化和智能化程度越来越高，微网工程的建设越来越多，但是电网规模的不断提高，已经是发展的趋势，电动汽车也早已实现跨城市、跨区域行驶。城市配电网和微网已经能够与电动汽车实现融合，分布在城市以外的大电网也同样需要同电动汽车进行互动，行使互相调节的功能，最终大型电网也需要通过多层次的配合实现全网调控和互动。所以，如何实现大电网与电动汽车互动的控制策略，也是实现车网融合的关键。

车网融合技术存在的问题

当前车网融合技术,已经成为综合能源服务中的关键技术,并且已经进行多种试验性项目的部署和实施。在实施的过程中,尽管已经通过一些重要指标展现出了车网融合的优越性,但是也暴露出了一些尚需继续解决的问题。

① **市场机制** 当前对于车网融合,还有没有明确的市场管理机制,也没有明确的定价规则。诸如各时段电动汽车的充放电是否需要制定不同电价,而即使是同时段,不同情况下,电动汽车的充放电对于电网的意义也是不同的;另外,电动汽车消纳可再生能源与传统能源是否有不同的价格;电动汽车从电网获得的以及回馈给电网的电能质量都不同;定价时是否要考虑电动汽车的剩余电量等。对于这方面的定价机制,还并不完善。另外对于车网融合技术,市场上还没有明确的补贴政策,也使得其快速发展缺乏相

应的激励。

② **基础设施** 要实现车网融合技术，基础设施也需要跟上。第一，充电桩的建设必须要跟上；第二，对于集中式控制，电网侧的控制中心也是必须要具备的基础设施；第三，因为电动汽车和电网的交流和互动环节需要通信来完成，所以支持车网互动的通信设施也要具备。目前上述三个方面的基础设施正在逐步完善，以支持车网融合技术的大规模实施。如图6-8所示。

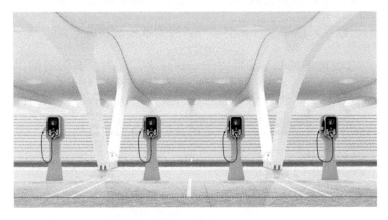

图6-8 基础设施的建设是车网融合实现的基础

③ **车网融合的标准体系** 推动车网融合技术需要有完备的标准体系。车网融合技术涉及电力、交通、通信等多个行业，借助行业已有标准固然重要，更重要的是，需要

针对车网融合技术，制定适用于新型控制和新型框架的车网融合标准体系。

车网融合技术能够支持电网和电动汽车的互动，这是综合能源服务中极其重要的环节。随着电动汽车行业的爆发式发展，当前正处在通过不断建成的示范工程对车网融合的各项指标和运行情况进行验证，并不断提升的阶段，但是车网融合也已经建立起了初步的体系和用于试验运行的结构，车网融合技术也将在实践中不断得到验证和改善，成为未来能源互联网和新型电力系统中的重要技术。

第七章

虚拟电机与能源路由器技术

1 虚拟电机技术
2 能源路由器技术

虚拟电机技术

作为能源互联网最主要的能源供应形式，可再生能源技术近年来实现了跨越式发展，装机容量大规模提升，电能质量也持续提高。尽管已经进行了数十年的理论研究和实践验证，但是当前可再生能源并网仍然是可再生能源开发和利用面临的重要问题。可再生能源并网难的一个重要原因在于其利用电力电子设备与电网相连，缺少转动机械的转动惯性和阻尼特性，当电力系统出现不正常运行状态或者故障状态的时候，可再生能源发电系统无法像转动电机那样实现调节作用，不仅不能参与电力系统的恢复过程，甚至会出现脱网、破坏频率稳定等情况，反而使电力系统状态变得更差。在可再生能源发展的早期出现的一些可再生能源大规模脱网事故中，暴露出电力电子设备在可再生能源系统的一些事故的连锁反应中，都起到了"推波助澜"

的作用。

另外，电力系统中还存在着大量的电力电子用电设备，这些电力电子设备同样不具备上述对电网的动态调节能力。但是电力电子设备对于电网中各项指标的提升又是极为重要的，因此未来电网中的电力电子设备还会出现越来越多的趋势，在这样的情况下，电网的调节难度将会越来越大。

如果通过合理的控制手段，使可再生能源和电力电子负荷能够模拟转动电机的惯性和阻尼特性，那么就能够使可再生能源并网后参与电力系统故障恢复的过程中，使可再生能源系统由故障"正反馈"变为"负反馈"。

虚拟电机技术就是利用了上述原理对可再生能源系统进行提升。虚拟电机技术是指在电力电子变流器的控制环节，引入模拟电机转动的机电暂态控制，使其具有同步电机组并网后运行时的惯性特性、阻尼特性，能够参与电力系统的调频、调压等的技术。使用虚拟电机技术后，仅从虚拟电机系统与电网的连接点看，虚拟电机系统的输出特性与火力发电机组等并无差别。

冀北电力虚拟电厂示范工程，是中国对于大规模电力系统中应用虚拟电厂技术最早进行的探索。该项目可以实时地接入11类灵活性资源，总体项目容量约226MW，涵盖张家口、秦皇岛和廊坊3个地市。项目于2019年12月投运，对所覆盖地市的新能源以及负荷资源进行实时调节，并控制输出特性，根据电网需求回馈电能。冀北电力虚拟电厂示范工程的意义在于：一方面实现了冀北电网内广泛存在的新能源的消纳；另一方面通过动态调节和控制，将控制范围内的电源和负荷资源作为一个整体进行控制，根据外部电网需求实现输出，参与外部电网的调控。冀北电力虚拟电厂示范工程投运至今已经在新能源消纳和电网稳定控制方面体现出了优势。未来通过虚拟电机技术实现新能源消纳和电网的稳定控制，将成为能源互联网中的重要技术（见图7-1）。

虚拟电机技术，可以分为电源虚拟同步机和负荷虚拟同步机。

电源虚拟同步机主要用于可再生能源系统的并网，按照类型可以分为风电虚拟同步机和光伏虚拟同步机，而按照形式可以分为单元式虚拟同步机和电站式虚拟同步机。单元式虚拟同步机主要用于单个风机或者少量光伏电池板的并网情况；电站式虚拟同步机主要用于大量可再生能源以

图7-1 将大规模并网新能源改造为虚拟发电机
已经成为重要的可再生能源消纳方法

电站为单位并网的情况。

本质上,电源式虚拟同步机是一种可再生能源并网装置,一般由变流器和储能单元组成,通过变流器实现不同电流形式的转化,通过储能装置实现惯性和阻尼特性。实质上,虚拟同步机技术是通过控制存储在储能系统中的能量与可再生能源系统输出能量的搭配,输出电能以模拟转动电机的特性。2016年12月27日,世界首个虚拟同步机工程在位于中国张家口的国家风光储输示范基地并网运行,这项工程包括24台光伏虚拟同步机、5台风电虚拟同步机,共计容量2.2万千瓦,工程投运后,使风光储系统能够参与电网调节,以提升电网稳定性和可靠性。

负荷虚拟同步机，实际上是将电网中的电力电子设备，通过相应的控制方式，模拟同步电机的运行方式和输出特性，使电力电子设备在电网出现失频、失压的时候也能参与到电力系统的调节过程，将原本对电力系统稳定性具有破坏作用的用电设备，变为能够起到稳定作用的控制器。

负荷虚拟同步机按照功能来分，主要有自主调频、自主调压及惯性和阻尼控制等。

自主调频，是指当电力系统出现失频的时候，虚拟同步机系统可通过检测获取失频信息，然后触发频率调节控制，通过自备储能系统实时控制输出的有功功率，调节电力系统的频率，在与电力系统的控制系统的配合下，将电力系统的频率控制在要求范围内。

自主调压，是指虚拟同步机系统运行的同时，也会检测电力系统电压水平，一旦出现电压偏移的情况，将通过与储能系统配合，调节整个系统的无功功率输出，将电力系统的电压调节到可接受水平，实现电压调节（见图7-2）。

惯性和阻尼控制，实际上是虚拟同步机系统模拟转动电机的关键功能。惯性控制，就是使整个虚拟电机系统保持一定惯性，即使因为电力系统的不正常运行状态而出现了

图7-2 配有虚拟同步机的电力电子系统实际上是
模仿了转动电机的输出特性

有功功率、无功功率的降低或升高,也是逐渐变化,而不是快速变化的,给电力系统的控制设备以缓冲时间进行调节;阻尼控制,是指在系统出现大的冲击时,通过阻尼控制,使冲击看上去好像经过了一个"阻尼",从而减小对系统的影响。实际上对于虚拟电机系统来说,并没有为其增加真正的惯性控制和阻尼控制,其本质都是通过配备的储能系统输出有功和无功功率,使虚拟电机系统的输出特性与带有惯性系统和阻尼系统的转动电机的输出特性相同。

本质上说,虚拟同步电机技术要达到的目的就是在黑箱条件下,使电力电子设备的输出特性与转动电机相同。

虚拟同步电机独特的运行特性以及其能消纳新能源发电的功能,使其成为未来新型电力系统中非常具有前景的技术。在当前已经投入使用的工程中可以发现，虚拟同步机在使用过程中，已经显现出在可再生能源并网以及维持电网稳定性方面难以比拟的优势。

第一是虚拟电机系统主动参与电网调节，在电网出现失频、失压等不正常运行状态的时候，主动承担起调节作用，不仅可以作为用电器或者常规的新能源发电系统，更可以作为系统的调节器。

第二是当虚拟电机以可再生能源和电力电子用电器的形式接入电网时，因为本身起调节器的作用，不仅不影响电网特性，还将有利于提升电网稳定性，避免了电网改造工作。电网的结构复杂而且互相联通，对于电网的改造，有时有着"牵一发而动全身"的风险，而虚拟电机技术的应用避免了对电网的改造，这是非常有现实意义的。

第三是虚拟电机也可以参与电网的削峰填谷（见图7-3）。因为虚拟电机带有储能系统，储能系统除了为虚拟电机提供足够的惯性动能和阻尼作用，还可以当作电网的备用储能使用。在调节冗余度高的情况下，虚拟电机的储能系统也可以作为电力系统中"云储能"的组成部分，参与到整个系统的能量动态平衡调节中。因此，如果能够通过合理的规划,将虚拟电机的储能资源加以利用,对于提升电网运行性能也是有很大好处的。在电网中已经布设足够的云储能的情况下,可以充分利用电网已有储能资源建设虚拟电机系统,提高工程经济性。

图 7-3　削峰填谷是电网安全稳定运行的重要基础

对于虚拟电机的应用,除了从发电侧进行控制方案的提升之外,还有一个思路是控制负荷侧的用电,减少负荷侧的用电,实际上就是增加了发电侧的发电。上海虚拟电厂运营体系,实际上就是按照这一思路实现的虚拟电机技术的实际应用,也是上海市对于能源互联网技术和综合能源服务技术的重要实践。该项目由控制系统对上海 AFC 大楼等约 500kW 的散落负荷进行控制,形成"虚拟电厂"。项目于2019年12月5日投运，本质上，项目是通过控制系统集合一批散落的负荷资源，对负荷进行控制，在用电高峰期，关闭一些负荷，即减少了全网的负荷使用量，相当于配置了虚拟的"发电厂"。项目实施的意义在于，一方面调节上海日夜用电差距过大的状况；另一方面，充分消纳接入上海市的水电等资源。上海市过去曾经利用"停电一小时"实现节能的目的，但是相比于用户自行停电的行为，虚拟电厂的运营方式属于更加受控、更加安全和稳定的节能行为。上海虚拟电厂运营体系的建成，充分验证了负荷资源在综合能源系统和能源互联网中的重要意义，也为城市中大规模应用虚拟电厂技术提供了重要参考。

尽管有上述难以比拟的优势，但是虚拟电机作为新技术，在投入使用的过程中，也暴露出了一些问题，这些问题给虚拟电机的发展带来一定制约。

第一是短路容量。虚拟电机可以模仿转动电机大部分的输出特性，但是有一点却很难模仿，就是对于短路电流的承受能力。转动电机可以承受较大短路电流，而虚拟电机作为电力电子设备，所承受短路电流容量与其器件的材料有关，短路电流承受能力非常有限，这也制约着虚拟电机技术的发展。

第二是储能设备规划的经济性。如上所述，虚拟电机系统实际上是需要配备储能系统的，但是其储能容量大小规划，一方面需要满足其惯性动能和阻尼特性的需求，另一方面又要充分合理利用电网中的储能资源，才能达到经济性利用。当前电网是在不停建设中的，储能资源暂时是不足的状态，所以在当前的情况下，虚拟电机储能配置的增加受电网制约还不大，当电网储能资源趋近饱和时，储能容量的规划也将会成为重要的问题。

第三是虚拟电机目前还缺少完善的标准体系，需要在实践中对标准加以修订和完善，并制定完备的标准体系。虚拟电机技术在解决可再生能源并网以及应对电网电力电子化的过程中，将会遇到各种情况和应用场景，但是如何应对这些问题和应用场景才能够满足电网的统一规划和高层次的协调，很大程度上将依赖完备标准体系的建成。

2 能源路由器技术

路由器在互联网中已经非常常见，路由器的作用是将来自运营商的网络信号进行汇集，然后分配给不同的用户使用。路由器的发明已经给人们的生产生活带来了极大的便利。而电网实际上也是一种互联网，基于这种看法来考虑，那就让人不得不思考，能否也可以模仿互联网中的路由器，在电网中也设置一种路由器，把不同的能源进行汇聚，再按照用户的不同进行分配。按照这种思路所设计出来的电能管理设备，就是能源路由器。

能源路由器是能源互联网的关键设备，它可以实现不同形式能源的输入、输出、转换和存储等，从而实现能源互联网局部的能量管理、电力电子变压、最优潮流控制风险评估和报警等功能。能源路由器本质上是电力电子变流技术与储能技术的结合。

在风力发电、光伏发电、氢能发电、生物质能发电等技术广泛应用的今天，接入电网的能源多种多样，如何有效整合它们已经成为保证电网稳定性和提升可再生能源消纳能力的关键问题；另外，不仅是用电器，电网调节也需要一些高质量的有功功率输出，如何控制电能按需输出，也已经成为现代电力系统亟需解决的问题，而能源路由器的不断发展，将充分解决这一紧迫的问题。

本质上，能源路由器是由电力电子设施与储能设备搭配，通过有效控制，实现对电能的有效管理和分配，其主要具备以下几种功能。

① **电能交换** 电能交换是能源路由器的主要功能，主要是从发电侧吸收各种形式的电能，并将电能提供给相关用户。能源路由器相当于发电侧与用户之间的中间环节，而较之电网的输电和变电功能，能源路由器更加重视控制，将不同形式的电能调控为统一形式，再向外输送。

② **信息传输** 能源路由器不仅能实现能量的交换，还可以实现信息的传输，发电侧能源供应信息、用户侧的需求信息、调度侧的控制信息以及一些关键用户的状态信息等各个环节的信息，都将会通过能源路由器获取并传递给需求方。信息流是监控电力系统状态和指定调整措施的重要基础，而通过能源路由器可以实现能量信息之间安全且

精确的传递。

③ **用户定位** 互联网路由器可以对接入的用户进行寻址，确定其位置，能源路由器也具备对用户定位的功能。实际上，通过寻址功能确定用户的电气位置或者地理位置，也是能源路由器实现能源转换的重要步骤和基础功能。但是能源路由器对用户的定位需要完善而可靠的信息流和通信技术作为支撑（见图7-4）。

图7-4 信息传递和用户定位是能源路由器的重要功能

④ **电能质量管理** 能源路由器将不同形式的电能进行汇集，其主要目的就是可以在汇集的过程中对电能进行调整控制，通过电能的整合消除部分谐波、稳定幅值，并通过储能系统保证持续输出。在能源路由器向用户输送电能

之前，电能质量已经远优于来自发电厂的电能，而后加之电网本身具有的电能质量优化设备，可以进一步提升送到用户的电力的电能质量。

⑤ **潮流优化** 能源路由器本质上还是一种柔性交流设备，主要功能是对潮流的控制，即可以逆电网阻抗的自然分布向各类用户提供电能。长久以来，电网的自然分布法使电力能源难以按需分配，每当负荷有大的变化，必须通过电网改造实现潮流方向的变化，这样的电能分配方式已经难以跟上电网结构和用户种类快速变化的今天。常规情况下，如需改变潮流分布，则须改变电网形态和结构，而能源路由器可以在无须改造电网基本形态的情况下，实现潮流优化。

⑥ **风险预警** 实际上，能源路由器可以看作发电侧和用户侧的重要节点，无论在电气位置还是地理位置上，都处于电力系统非常关键的位置。能源路由器一方面向用户分配能源须保证合理性和最优化，另一方面又需要应对来自发电侧能源的有效吸收和汇集，这两方面都存在着风险。能源路由器具有风险识别功能，能够识别和感知来自上下游的风险，并向调度系统进行预警。当前风险识别功能在人工智能技术的支持下已经能够准确处理复杂系统的问题，

在这样的背景下,能源路由器的风险识别和预警功能将会更加精准。

在理论研究和实际应用中,能源路由器都被当作电网柔性调节的重要设备,并具有一些其他系统难以比拟的特征,使其成了新型电力系统中重要且关键的研究热点之一。能源路由器主要有以下几个方面的特征:

⑦ **支持可再生能源等多种形式能源的接入** 能源路由器的使命就在于将多种形式的能源进行汇集,然后分配,因而融合多种形式能源并且稳定接入,是能源路由器在能源互联网中发挥的最为重要的作用。

⑧ **既传输能源流,又传输信息流** 能源路由器利用能源的通道传输信息,又通过信息调整能源传输,互相作用,相互加强。这一特点使得能源路由器在当前电网数字化转型的背景下,占据了举足轻重的地位。未来更多能源路由器项目的落地,将使电网数字化水平得以有效提升。

⑨ **具有电能存储功能** 与网络路由器只能实时分配信号不同的是,能源路由器既能分配电能,也能存储电能,并可以通过存储的电能实现电力系统的调节,不仅向电网提供能源,还可以与电网实现互动,提升需求响应水平(见图7-5)。

图 7-5 能源路由器可汇集多种形式能源并提升电能质量

能源路由器给电力系统带来重要的变化，是现代电力系统中不可或缺的设备，在与可再生能源搭配建设的示范工程中，能源路由器从诸多方面展现了其优势，主要体现在以下方面。

第一，可以直接在原本的电力设施上布设能源路由器，无须对电力系统实施改造就可达到能源汇聚和分配的目的。

第二，可以促进可再生能源的消纳，能源路由器可以支持多种能源的接入，可以通过汇集的方式提升可再生能源电能质量、提升系统稳定性和可靠性。实际上能源路由器已经成了可再生能源消纳的一种重要方式，未来更多能源路由器项目的落地，将为可再生能源并网与消纳提供更多的选择。

第三，有利于电能更合理地分配。如上所述，能源路由器可以改变潮流的自然分配，按需求为用户分配电能，使电力系统变得更加柔性。能够实现按需控制是电网数字化的重要体现，也是智能化的基础，为未来新型电力系统实现更高等级的智能电网技术奠定基础。

第四，能源路由器对所有业主和用户实施平等供电。能源路由器会向所有业主和用户进行平等供电，保证电力市场交易的公平公正。在电力交易过程中，供电公司层级的调控更加有效，售电公司和用户需要按照市场规则进行公平交易。

虚拟电机和能源路由器是能源互联网的先进技术，本质上是通过电力电子设备和储能装置的搭配实现电力系统电能的合理分配。未来云储能的部署，将为虚拟电机和能源路由器的大规模配置提供重要的条件。电网数字化水平的提升，难免会使电力电子设备在电网中的应用规模越来越大，虚拟电机和能源路由器都是在电网电力电子化程度越来越高的情况下，对电网实现控制和调节的手段。作为保障电网稳定性和可靠性的手段，虚拟电机和能源路由器的应用必将越来越广泛。

在综合能源服务业务构建和实施的过程中，虚拟电机和能源路由器将发挥重要的作用。首先，综合能源服务业务涉及多种能源形式的转化和分配，能源路由器可以在保证能源供应质量和效率的情况下，实现能源转化；其次，用于综合能源系统的多种控制过程都是依赖电力电子设备实现的,虚拟电机和能源路由器可以解决因电力电子设备越来越多而给电网带来的诸多问题;最后,综合能源服务业务对于可再生能源需求量大,对能源质量要求高,借助虚拟电机和能源路由器技术对可再生能源技术进行提升,可以满足来自各种规模电力系统的要求(见图7-6)。

图7-6 虚拟电机和能源路由器技术将为
综合能源业务提供有力的支持

作为能源互联网构建中最先进的技术,虚拟电机技术和能源路由器技术无论是对于大电网还是规模有限的综合能源系统,都有着重要的意义。未来电网数字化、智能化的提升过程和综合能源服务升级转型过程中,虚拟电机和能源路由器都是重要和不可取代的先进技术。

第八章

综合能源服务平台

1 综合能源服务平台的功能
2 综合能源服务平台的分类及存在的问题

综合能源服务平台的功能

随着全球经济的快速发展，以电力行业和石油行业为代表的能源领域，已经出现了用户激增、服务种类多样、产生数据复杂以及处理难度极高的情况。在这种情况下，无论是传统的调度方式还是传输方式，都不能满足要求。因此，能源企业开始探索构建新型能源系统，以应对多变的服务需求。而面对海量信息和复杂的处理需求，数字化就是一种非常有效的解决思路，诸如电力企业提出的"数字电网"和石油企业提出的"数字油田"等，都是对数字化在能源领域的重要探索。

综合能源服务可以看作是能源领域的高层级业务，能源行业将越来越倾向于采取综合能源系统这种可以同时实现多种能源供应的方式向用户提供能源服务。一方面当前能源行业已经不再像过去一样只向用户供给单一的能源形式，其中包含了多种能源形式的调控；另一方面因为用户对每一种能源形式需求趋向多样化,每一种能源形式又都需要复杂的控制,在这个过程中将产生海量数据,需要多种处理方式并行,传统的能源系统已经难以满足其各类需求。

因传统能源之间的融合性较差,能源传送通道有差异,所以并不容易实现对综合能源的控制和调配。另外,不同类型的能源供应商、能源传输商和用户也在持续接入综合能源系统。面对综合能源服务领域存在的诸多问题,数字化是一个行之有效的思路,而数字化的具体表现形式就是综合能源服务平台技术(见图8-1)。

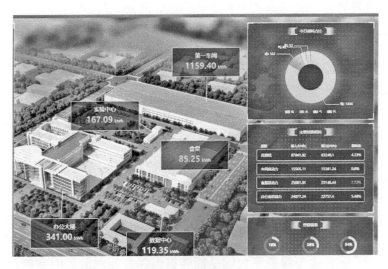

图8-1 数字化平台级控制是解决综合能源
系统调控问题的有效方法

山西太谷经开区智慧能源管理平台是综合能源服务平台的园区级应用。该平台具备碳排放监测、绿色能源设计、园区企业用能分析、企业用电健康监测等，可以看出这一平台已经具备对多种能源进行监测和控制的基本功能，而这个系统更加具有可延展性，在未来更多可再生能源接入的情况下，仍然可以接入可再生能源控制模块，提升可再生能源的消纳效率和应用水平。山西太谷经开区智慧能源管理平台是综合能源服务平台，可以实现对园区内40多家企业的监控和控制，运行至今一直保持着较高的控制和监测水平。

因为各种能源传输形式已经实现大规模输送，在当前看来，能源输送方式短期内不会出现颠覆性变革，所以，绝大多数用户需求以及绝大多数能源分配环节是具备共性的。因此，尽管综合能源系统融合了多种能源形式，但是在能源输送方式相对固定的前提下，具备条件将其整合成为统一的综合能源服务平台，采用统一的逻辑和控制方式，形成快速便捷、准确度高、操作简单的能源分配控制方法。

综合能源服务平台就是能够提供综合能源服务的系统。其主要功能就是汇总所有监督方、能源供应方、能源传输方和能源需求方，建立供需交易的路径和平台，提供安全、可靠、迅捷的全流程综合能源交易服务。因此，综合能源服务平台主要服务对象包括政府监管方、能源供应商、能源传输商、能源消费方以及未来可能参与到交易和监管中的各个方面（见图8-2）。

图8-2　综合能源服务平台是综合能源服务的交易控制中枢

在综合能源服务平台中，政府监管方的职责是监管整个能源交易的过程，所以政府监管方需要拥有对每个环节进行监督和查看的权限。能源供应商主要是电力、石油、天然气、水、热、冷等能源的供应机构和售卖方，这些供应商接入综合能源服务平台，能够实现能源的供应并进行交易，充当能源交易中的卖方角色。能源传输商主要包括电网公司、油气管道公司、水务公司、热力公司等，他们拥有能源传输通道，接入综合能源平台后，可以根据统一调控进行能源的传输，收取能源"过路费"。能源消费方是综合能源的消费主体，主要就是电、热、水、气、冷等形式能源的需求方，他们通过综合能源服务平台获得所需的能源，并进行付费，在整个综合能源交易过程中属于买方。

值得注意的是，在综合能源服务平台中，信息数字化的应用有效降低了传输成本和损耗。在大数据、云计算、移动互联网、物联网和人工智能等技术已经发展到一定程度，并可以在工业和生活中应用的今天，综合能源服务平台也将这些先进技术进行了融合，诸如多网合一、多表合一、智能家居、智能充电设施等，都已经在综合能源服务平台中成功应用，数字孪生技术也已经开始在综合能源服务平台中获得应用。

综合能源服务平台目前仍处于探索阶段，在构建各类功能模块时，需要充分考虑当前需求和未来发展，因此，为了实现能源的综合分配和利用，综合能源服务平台还应该具备以下功能。

① **能源监控** 主要用于能源流交易和传输过程中的

安全性和合法性监控，这个功能对监管部门进行开放，同时也需要对维护方开放部分权限。有效执行能源监控功能，是实现综合能源服务平台交易合法化、程序规范化的基础。

② **能源规划与管理**　主要是结合能源供应方的实际情况和实际需求对能源进行规划和管理，实现能源的合理分配，满足用户要求，确保能源利用的低碳性和经济性。实现能源规划与管理，是综合能源服务平台智能化的体现，在能源应用和控制愈发复杂的情况下，智能化控制是实现高效管理的关键。

③ **能源服务**　能源服务就是将单一形式的功能转化为包含电、热、油、气、水、冷等多元化功能环节的增值服务，是综合能源服务中最关键和最核心的环节。主要包括能源接入服务、按需定制服务、用户行为描述服务、设备运维服务等。能源服务功能是综合能源服务平台的主体，可以说各项功能的实现都是为了给能源服务功能"做好服务"。

④ **能源交易和能源生态**　能够支持供应方与用户的在线交易，实现用户对多种能源形式的选择以及能源供应商

对用户的选择，实现平等交易，多向选择，打造多元化能源生态系统。实现能源交易和能源生态也是综合能源服务平台高效运作的关键，能源交易是能源服务的起点，而能源生态是更高质量能源服务的基础。

第八章
综合能源服务平台

 综合能源服务平台的分类及存在的问题

为了达到对综合能源服务交易全过程的统一和模式化管理，已经有很多综合能源服务供应商提出了自己的综合能源服务平台构想，或者直接推出了产品。当前出现的综合能源服务平台构想或者产品由不同类型的服务商提出，因而这些综合能源服务平台带有服务商本身很明显的特征。当前市场上提供综合能源服务平台的主要包括能源企业、一次设备厂家、二次设备厂家以及互联网企业。

基于能源企业的综合能源服务平台，更加擅长对各种资源的整合以及迅捷的电力交易，但是不同的能源企业对于不同能源形式的侧重点有所不同，这一方面取决于能源企业本身的业务重点，另一方面还取决于其所连接的综合能源服务业务类型（见图8-3）。

图8-3 综合能源服务平台是市场规范化和
交易标准化的重要基础

基于一次设备厂家的综合能源服务平台产品,更加擅长一次设备的运维以及对综合能源系统进行多线程和多维度的控制。一些基于一次设备厂家的综合能源服务平台,更加适用于大型的综合能源系统或者经改造后得以提升的综合能源系统。

基于二次设备厂家的综合能源服务平台产品,更多地将重点放在更加有效的控制和系统安全上。二次设备厂家的产品,往往具有较为高效的接入和控制逻辑,对于精准度要求比较高的综合能源系统是非常适用的。

基于互联网企业的综合能源服务平台,更加侧重于平台与外界的接入数量以及接口的普遍适用性。互联网企业的产品不同，多缘于其对综合能源服务业务的理解。未来互联网企业借助其强大的网络资源和系统，如果与能源企业或者设备厂家合作，将会发挥更大的优势。

北京经开产业园能源互联网平台可以看作是基于互联网企业的综合能源服务平台。该平台充分利用了"互联网+"的思想和技术，将平台架设于云端，实现对整个园区电、气、热、冷等的综合管理，还能及时掌握用户需求，监控园区能源系统运行状态，及时进行调控，实现"削峰填谷"，并能在一个时间段内监控园区的能源利用效率，提出节能减排建议。该平台基于互联网企业强大的软件和接口能力，实现了海量数据搜集和处理，这也是综合能源服务平台实现各种高级功能的基础，该平台运行至今已经实现了园区的数字化管理，真实展现了"智慧园区"的内在理念。

在当前综合能源服务业务迅速发展的情况下，对综合能源服务平台的要求也将越来越高，这也促进了综合能源服务平台性能的快速提升。在此过程中，综合能源服务平台也遇到了一些需要解决的问题，诸如部分平台的建设更多地是在满足企业扩张的需求，而未能完全为用户实际考虑，未来当综合能源服务行业成熟后，必然要转型为以客户为中心的形式和形态；另外，尽管综合能源服务平台的最终目的是打造通用而统一的平台，但当前更多的已成型产品还是有着明显的定制化特征，而相比于通用形式，定制化的产品更能满足用户的各项要求，所以如何将定制化产品进行统一管理，实现通用化操作，是综合能源服务平台未来面对的重要问题。

当前还处于综合能源服务业务的发展初期阶段，上面提到的问题都会在未来应用的过程中找到最佳答案，平台建设的理念、思想和方法都会随之完善。综合能源服务平台的建设还需要更多的论证和探索。

综合能源服务平台的建立，将成为综合能源市场规范化和综合能源交易标准化的重要基础。当前的各种平台产品都是在进行尝试，以自己对市场需求的理解和方法，试图找到最优方案。目前综合能源服务业务处于成长期，在综合能源服务业务形成了一定规模后，通用而经济高效的综合能源服务平台是不可或缺的。因此未来综合能源服务业务和综合能源服务平台将是互相促进的关系，快速发展的综合能源服务业务必将催生更加成熟的综合能源服务平台，而完善的综合能源服务平台也将进一步提升综合能源服务的业务质量。